16

是誰讓少年
帶著
痛苦與懼怕
走完
他的人生？

王美玉
午台文——著

推薦序

落葉下的正義之聲

中國時報政治兩岸中心執行副總編輯　張瑞昌

韓國電影向來擅長改編犯罪案件，而且寫實力道之深，不僅震撼人心，更往往衝擊社會、改變現實。取材自2005年光州一所聾啞障礙人學校性侵事件的電影《熔爐》，在上映期間引發排山倒海般的輿論壓力，最後促成司法界重起調查，國會通過一系列的防制性侵修法，學校也被關閉，由政府接管。

讀美玉這本宛如「監委報告」的書稿時，我想起這部由《屍速列車》主角孔侑演出的知名韓片，如果桃園少輔院買生枉死事件也能被改編拍成電影，是否可以帶來相同戲劇化的深遠影響？而由真實事件改編的電影力量如此巨大，何嘗不是事件本身所體現的「悲慘世界」引發社會強烈共鳴，竟至催生以「熔爐法」為名的重大法案，改變了這個國家。

作為一個資深媒體人出身的現代御史，王美玉在這堪稱是她監委任內的首份報告書中繳出擲地有聲的成績，她詳細記載調查過程，認真爬梳事件始末，深入探討問題癥結，儼然是一股發聾振聵的正義之聲，令人激賞。在本書中，我們不僅看到一位擁有超過30年媒體經驗的菜鳥監委，展現那鍥而不捨的調查功力，更可體會到一名來自貧困家庭的勞動子弟，對於艱苦的社會底層將心比心、感同身受的生命關懷。

從2014年平安夜過後一大早，看到雜誌的相關報導而動心起念，美玉似已註定要成為調查這個體制冷漠、官僚殺人的見證者，她引領著我們去追尋16歲少年的成長之路，如何在獄中出生，被送到育幼院，再歷經單親家庭、隔代教養、學校教育，然後鬼使神差地來到少年輔育院，面臨他短暫人生中的最後磨難。

在這彷彿像電影倒帶般的故事敘述裡，美玉為我們勾勒了少年的悲情宿命，她這麼寫著，「對旁觀者而言，是再清楚不過的，不完整的家庭，不知如何求助的社會底層，弱勢只會一代比一代惡化。」一語道出少年一家三代如命運輪迴的無奈際遇。

對於少年之死的原委，美玉在抽絲剝繭的同時，不忘媒體批判精神，冷靜地直指問題核心，她說：「斷氣的地方叫病舍，其實是禁閉室，隔著一個iPad大小的洞口察看房內的一切。一個查不出傷口哪裡來，嚴重病痛的孩子，他臨終前被關在這間狹小的幽禁空間，桃園少輔院前院長林秋蘭被約詢時一句『孩子是我們的寶貝！』真是無比的諷刺，大人的世界不僅無情，更是虛偽。」

戳破虛偽矯情的體制文化，對官官相護、草菅人命的官場惡習提出嚴厲控訴，既是本書念茲在茲的宗旨，也是監委著手調查的目的。然而，倘若不是一路秉持春秋之筆，懷著俠義之心追查到底，我們或將無從知悉「少年之死」的斑斑血淚，遑論明白這場由孩子代替大人承受所有苦難的悲劇。

我曾與美玉在時報共事多年，深知她個性正直、嫉惡如仇，展讀這份監委報告書，她的沉痛之情每每躍然紙上。可以想見，在調查過程中，她對少輔院買生冤死一案的痛心、不捨，讓她誓言要追根究底、伸張正義，以告慰少年在天之靈。我想，這是她出任監委時承諾的實踐，也是她從未遺忘當記者初衷的印證。

美玉回憶初見周刊報導時，寫著這麼一段話：「他的死，有如一片悄然落地的黃葉，又被掃乾淨了。」就是這片落葉激起她心中的熱血，然後催促著她踏上調查之路，最終向這個世界發出了正義之聲。

序

無聲的監視器

王美玉

曾經，我是記者；現在，我是監察委員。但無論職場身分如何轉換，我始終是兩個孩子的母親。

提筆寫這篇序，依然手沉心痛。我的孩子早已成年，一個離家自立，一個大四，他們已經成長到能夠理解、體諒我的方方面面，甚至給予建議，成為我內心最強大的支柱。然而同樣是年輕的生命，凱凱（買生）卻在16歲時，枉死於桃園少輔院。

算算年紀，如果凱凱還活著，今年該是19歲，再過幾個月，他就可以迎接每個人一生，僅有的一次代表已經成年的20歲。他會是個什麼樣的年輕人？無人能知，因為他在世上的腳步永遠停留在3年前。

可悲的是，這並非出於自願，是成人世界的殘酷無情，讓他的生命從此停格。

調查過程中，調閱了凱凱生前最後7天在桃園少輔院內的監視器畫面，我不眠不休的看到結束，而他重病被扔進獨居的禁閉室直到死前的26．5小時無聲畫面，卻像發出了對這個世界最淒厲的控訴。

26．5小時，整整1天又2．5小時，監視器畫面顯示的時間，一分一秒流逝，正在倒數他的生命，能想像一個身上有大片傷痕、病中孩子，無人照顧，活活等死的滋味嗎？明明外面天空依舊清朗，人聲仍舊鼎沸，他竟似一個破布玩偶被丟在一旁，無人聞問。換做是你、我的孩子，你忍任其發生嗎？

26．5個小時，看著這個被關在禁閉室內等待死亡的孩子，調查期間，重複再重複觀看，心中痛楚，已巨大到無言，轉換的是，要為這個形同遺棄的孩子，討個是非黑白的決心。

我沒有寫個人日記的習慣。32年記者生涯，跑了將近半輩子的政治新聞，熟識從前總統李登輝以降的歷任元首、閣揆，看盡宦海浮沉，除寫新聞外，亦從未起心動念，為政治人物書寫自傳。凱凱，是讓我動筆寫下調查日記的第一人。不為別的，只因身為母親、做為監委，我有義務讓社會，尤其是為人父母者，透過凱凱案，知曉官僚體制的冷漠，官僚殺人的無情，清楚行政高牆內的黑暗；更有責任，改變它。

死有輕於鴻毛、重於泰山。凱凱的死，於官僚體系是前者，但對眾人，該是後者。2年多前，在立法院審查我是否能承擔監察委員重責資格時，我曾提及心中三大堅持。

一、為底層發聲：

我生於貧困家庭，看到社會底層的孩子就像童年的自己，如能擔任監委，可以監督政府資源公平分配，更徹底落實照顧弱勢。

除了凱凱，會被法官裁定進入少輔院的孩子，家庭多數失能，這樣的孩子，不只要矯正其犯錯行為，更重要的是關愛與教育。然而因行政高層漠視，台灣的少輔院、矯正學校，分不到資源、人力嚴重不足，且長期把成人矯正方式套用於青少年，導致不過是虞犯的孩子，受到極不人道的對待。

凱凱有學習障礙，還是一名過動兒，他會犯錯，大半是因其病症引發，在調查過程中，我另經手一真實案例，才驚覺少輔院是一處連正常孩子，都會被「管教」成罹患重度社會化行為障礙的地方，更何況凱凱。他進入重矯正、輕教育的少輔院，得不到任何資源協助，死，是他唯一的路？

當記者，我揭發、眼見無數公務機關怠惰與官商勾結的弊案，記者追求事實、真相，監委更進一步，可調查、糾正、彈劾、糾舉行政機關及人員，收整飭官箴、平息民怨之效。

二、為正義挺身：

凱凱案，立委尤美女接受家屬陳情，在立法院開了第一槍。法務部、矯正署因應之策，竟是讓桃園少輔院與凱凱案一干相關人等，自願退休的退休、調職的調職，企圖規避、掩蓋疏失；桃園地檢署則以「無從認定死者身上不明紅腫狀況，確實係外力毆打造成，且經查無任何可疑施以外力毆打，致死者重傷而生死亡結果之嫌疑人，家屬提出告訴亦未明確具體指摘申告之對象，是本件予以簽結。」

官家輕踐人命，莫此為甚！如同尤立委，我無法忽視凱凱身上大片的傷痕，難以置信桃園少輔院指稱他是抓癢致死的說詞。究竟發生了什麼事？何以法院裁定的感化教育，結果卻像判了凱凱死刑？

事實是什麼？真相為何？我必須追個水落石出。因為凱凱的死，要有價值，他是第一個，也必須是最後一個。

三、為不公伸張：

江國慶案，江爸爸鍥而不捨到報社向記者申訴，這樁冤案歷經數屆監委調查才獲伸張，江爸爸的淚還留在我心底。到底台灣還有多少人權在官官相護的結構中，暗自哭泣。追究違法失職的公務員責任，是監委的職責。

凱凱阿嬤的眼淚在孫子亡故、桃園少輔院卸責、桃園地檢署行政簽結案子，一連串折磨後，已然流乾，但當她得知監察院要介入調查之際，淚水再度奪眶。我和共同查案的委員、協查人員，在調查報告公布後，落淚。

四位調查監委針對凱凱案提出彈劾多位相關官員，只通過了4名。我承認心中對此不無遺憾，卻也深信這只是個開端。改變，不可能一步到位。在調查日記，最後我寫下，2016年5月6日法務部回函給監察院，全案重啟調查；2016年10月20日法務部回函已經議處包含矯正署吳憲璋前署長在內的相關主管。

我還是要再說一次，縱使正義的腳步遲緩，正義終將到來！

目錄 Contents

第二部　誰會記得我〔調查日誌〕

第一部

人的一生能否複製？

[少年的悲歌]

第一章

死亡

2 月春暖，該是萬物生長的季節，但年僅 16 歲的凱凱，生命卻在此時，戛然而止。他生於成人監獄，死在少年輔育院。

生與死的那一刻，他都不自由。這條年輕生命終結前，胸口留下大片怵目驚心的「血畫」，那是成人世界，在他的生命歷程中，一筆又一筆的無情刻畫。

2013年2月5日下午5點57分，一個對你、我而言，再正常不過的平凡時間，桃園敏盛醫院急診室接到一名由119救護車緊急送至的傷患，雙方交接患者時，119的救護人員不停施以CPR，但其實早在5點51分抵達急救現場，患者肢體僵硬，已無生命跡象。

救護人員發現，患者右肋緣到右背部處，有著大片瘀紅、擦傷。紫紅色血絲、暗紅帶黑的瘀血，分布半個胸口，像極以血為顏料的潑墨畫，對比左胸口的乾淨、慘白，強烈得令人驚愕！

那日春寒料峭，僅僅6分鐘的送醫過程，醫護人員額頭已冒汗，只希望持續的CPR，能按壓醒患者已停跳的心臟；為了搶救生命，救護車在下班的交通尖峰時段，拚了命在疾駛抵達急診室，因為這一刻，是在與死神搶人。

患者叫凱凱，才16歲。119接獲報案，前往專關微罪少年的桃園少年輔育院，在少輔院裡一個小房間，把他給救出來。少年身材已抽高，卻骨瘦嶙峋。究竟是什麼樣的遭遇，讓少年瘦得可憐？又傷得如此之重？

5天後就是農曆新年，按理年輕人應該開心迎接新年新氣象，或許無法與家人團圓吃年夜飯，不過對他而言，桃園少輔院不就該像另一個家，保護、輔導著他，怎讓他的生命就此消逝？

死神力道太強，醫院急診室接手，整整50分鐘的急救措施，亦無力回天，連接著凱凱身上的儀器，如同沒了氣息的他，沒有絲毫反應。陪同至醫院的桃園少輔院人員見狀，十分著急告知，少年的家屬正從新北市中和趕來，請求急救做到家人到達後再停止。

醫護人員基於專業，及對生命的尊重，除非已有生命跡象反應，急救才會持續，不該是為了等待家屬到來，那是對往生者的干擾、不尊重。晚間7點09分，醫院方面清楚告知桃園少輔院人員，無法再急救下去，正式宣告患者死亡。

醫護人員為凱凱配戴上往生者的手腳圍，並拍下最後的照片，做為確認身分之用。或許是少年不甘心走得悄然無聲，因為這最後一張照片，讓凱凱從小就喊「阿嬤」的外婆有機會發現，外孫胸口上那片血畫。

凱凱在晚上5點57分被送進急診室，已沒有氣息，但媽媽及阿嬤，卻是分別在6點07分及6點42分，才接到桃園少輔院的電話，通知內容竟僅僅是急救中，隻字未提無生命跡象。不論家屬是否意識到事態的嚴重性，縱使在接到通知的當下，奔赴醫院，面對的依舊是一具冰冷屍體，官方機構顢頇，莫此為甚！

凱凱媽媽約莫7點半先到了醫院，經少輔院人員告知孩子已亡故，她隨即打電話給凱凱阿嬤。阿嬤剛下班回到家，才想換衣服，再到醫院，卻被女兒的電話給嚇呆，手腳發軟，慌亂中，拜託姪子開車載她到醫院。

阿嬤紅腫著雙眼，雙手止不住顫抖地衝進急診室，一聲又一聲地喊著「凱凱、凱凱……」當時已晚上8點多，她慌張的身影，醫護人員一看，與少年長得神似，身材都高瘦，且哭得如此傷心，想必是少年的「母親」。上前詢問，是否是凱凱的媽媽？阿嬤忽而點點頭，忽而搖頭，一旁的姪子代為解釋，她是凱凱的阿嬤。

護理師說明病情，並拿照片讓她確認，只是阿嬤聽不進任何一個字，愕然地瞪視著孩子的最後一張照片，她無法置信自己看見了什麼：凱凱胸前的那片血海。

凱凱媽媽此時以幾乎聽不見的音量說，孩子在太平間。凱凱母親的怯懦，來自她清楚，孩子的死，會引來阿嬤的激動怒罵，此時此刻，她無言以對。

太平間，瀰漫死亡氣息，面對裝著凱凱遺體的屍袋，阿嬤除了心疼痛哭，什麼也做不了，一旁的少輔院、葬儀社人員勸著，別哭，孩子會走得不安心。少輔院人員述說，從凱凱到少輔院後，院長、主任、老師們都很照顧他，發生這種事，大家都感到遺憾，請阿嬤冷靜，冷靜後再來看孩子。只是這番言論，不講還好，一講反倒令阿嬤心頭一震，她要知道，凱凱究竟發生什麼事？

葬儀社的人員，打開屍袋，卻只露出孩子的臉，阿嬤要求整個拉開，怎知竟遭眾人勸阻，直說會打擾亡者。骨肉至親，如何能阻擋，何況心中疑惑愈擴愈大，她執意拉開屍袋，發現孩子穿著乾淨的藍色制服。

凱凱阿嬤不死心，她必須親眼看到孩子身上的傷，當制服被掀開之際，她終於忍不住驚恐與憤怒，撫屍再度哭喊，怎麼會這樣？

凱凱的右胸口至後背，滿是紅青紫色，夾雜鮮紅色斑點，血絲在皮膚底層，一絲一絲的透上來散開。桃園少輔院的人，沒人可以，更或許是不能，回答這位白髮人心底最沉痛的疑問。

凱凱阿嬤拿起手機，拍下孩子身上所有的傷，因為她知道，此時自己孤立無援，但她更清楚，不能讓凱凱死得不明不白，這是她這個做阿嬤的，能為孩子盡的最後一點心力。

拍完照，阿嬤與凱凱媽媽一同到最近的派出所報案。

可悲的是，一個年輕生命的消逝，不是在佛樂或祝禱聲中送他離開，而是在一群大人的爭執聲中結束。是誰讓少年帶著痛苦與懼怕走完他的人生？少年清楚，卻已無聲，只希望這世上有任何一個知情者，或許在未來，良知未泯，能道出真相！

第二章

家庭

人的一生能否複製？沒有標準答案，弄人的造化，卻讓凱凱諷刺地重覆著母親的成長之路，單親、隨母姓、隔代教養、誤入歧途，同樣進了少年觀護所，差別在媽媽活下來，他死了。他短暫的一生，正是台灣社會底層的悲哀，得不到資源幫助，一代代複製貧困與無知。凱凱家的悲劇，也是許多弱勢家庭的寫照。

他的一生，很短，16年；很慘，生在監獄，死在少輔院。出生時，沒人要負責，沒人在乎；死亡時，原因不明，找不到人負責，也沒人有責任。卑微得如同未在人世間走過。

凱凱母子長得很像，清秀、白皙、高瘦。只是他們不僅外形神似，連成長過程際遇也雷同。

凱凱的生命起點，母親沒有懷孕的喜悅，遑論父親的期待，能夠倖存，只因媽媽涉案遭拘留，得知若懷孕生子，可獲交保機會。

1996年12月5日，19歲的凱凱媽媽與男友也就是凱凱的生父，涉嫌騎車結夥搶劫，遭逮捕後關押在土城看守所，才發現自己懷孕了。阿嬤當時在美國，3個月後返台，到看守所探視，一聽女兒懷孕，還問，為什麼不處理掉？了解到女兒是為了早一點交保，才留下小生命，阿嬤鐵了心要女兒好好待在牢裡反省。

土城看守所不斷通知，可以交保出去待產，保釋金也從最初的10萬元，降到5萬元、3萬元，甚至生產前，只需人頭保。但阿嬤不曾再赴看守所。

凱凱的生日1997年8月23日，所方通知姨婆、即阿嬤的妹妹，協助辦理交保，但姨婆很清楚姊姊的脾氣，不敢答應。他和媽媽只好被送至新北市立聯合醫院戒護就醫。阿嬤雖然不願為女兒交保，還是前往醫院探視。從電眼螢幕看望，生產後的凱凱媽媽，瘦得幾剩皮包骨，大人都這副悽慘狀，孩子怎麼可能健康？

凱凱僅2800公克，因營養不良、體重不足，全身插滿點滴管，躺在保溫箱。阿嬤終究是疼孫子的，心軟答應交保事宜，讓母子倆到姨婆家做月子。

年輕的凱凱媽媽，自己都還像個孩子，面對嬰兒，手足無措，尿布溼了不會換，哭了，也弄不清究竟是肚子餓？穿太少？還是身體不舒服？孩子動不動的哭鬧，姨婆也漸漸忍受不了。

一天，姨婆與阿嬤談到一對夫妻朋友，結婚多年，膝下無子，凱凱媽媽不懂如何照顧小孩，月子做完又得回監服完刑期，建議把凱凱送養給那對夫妻，對方會好好對待孩子，也會包個大紅包，讓凱凱媽媽好好休養身體。

送養、拿紅包，在阿嬤的理解，這不是賣小孩嗎？她反對。孩子沒日沒夜的哭鬧，讓大人的矛盾與衝突愈烈，一個月後，媽媽襁褓中的凱凱回到阿嬤家。

其實凱凱的名字本來叫「立偉」，阿嬤傳統，希望孫子將來好命，能做的就是到台北市迪化街找算命攤取個吉祥富貴的名字，算命師排出了凱字，從此阿嬤喚孫子的小名叫「凱凱」。

兩個月的月子做滿，凱凱媽媽判刑定讞，抱著凱凱、揹著行李到法院報到，準備入監服刑的那一天，阿嬤不捨，卻不願留下孫子，因為她希望孫子能激發出女兒的責任感，體會為人父母的不易。

為討生活，阿嬤在舞廳當大班，儘管過著晨昏顛倒的日子，每到星期一仍強打起精神，開車去面會。未料有一周，因故沒去，隔周面會時，就不見孫子出現。監獄方面告知，凱凱媽媽心情不好，出手打了凱凱。阿嬤性子剛烈，加上失望，足足一年未再到監獄探望；一年後，想開了，再前往，才2歲的凱凱已被送出監獄。

按規定，孩子可以跟著媽媽待到3歲，但分神照顧小孩，無法多做勞務，換取積分，也就沒辦法得到提早假釋的機會，凱凱媽媽選擇把孩子送到育幼院，全心拚積分。但面對無解的母女關係，她不願也要求獄方不可透露孩子下落，直到被逼問急了，才說出人在桃園海邊的一間育幼院，這一點點渺茫訊息。

無法化解女兒心結的阿嬤，無奈地沿著桃園海邊逐一尋訪育幼院卻無下落。直到阿嬤找孫的消息，間接傳到收容凱凱的育幼院，院方主動連絡，才讓祖孫得以重逢。

育幼院畢竟不是真正的家，孩子能分得的照護終究少，凱凱手腿到處是深深淺淺瘀血、破皮，阿嬤匆匆簽了幾份文件，抱起他，回家。

但殘缺的原生家庭，依舊不完整，凱凱阿嬤心有餘卻力不足，更貼合實際的，是一個女人的雙肩無法同時扛起女兒和孫子兩人的重量；凱凱開始重覆媽媽的成長之路，不同的是，媽媽16歲時離家出走，進了監獄活下來；他的16歲，走進桃園少年輔育院，竟是邁向死亡。

凱凱阿祖是台南平埔族原住民，家貧、務農、不識字，家裡沒男孩，於是召贅，一家四代，全隨母姓。凱凱阿嬤僅小學畢業，23歲未婚生女，19年後，女兒踏上同樣的路，未婚生下凱凱。

凱凱出生，阿嬤不過42歲，算算如今也才60歲，她成長、生活的台灣已漸漸開放，經濟起飛，縱使僅小學畢業，卻也了解，教育能脫貧，可以讓下一代更好。

當年女兒生父並不想要孩子，兩人甚至因此事，拳腳相向，最後她選擇帶著女兒離開。教育，自己已經來不及，但想想至少能為孩子先做到脫貧，沒有一技之長的她，咬牙到八大行業上班，至於女兒，惟一能求助的就是，鄉下的媽媽。

隔代教養，不全然壞，凱凱阿祖雖然對小孩只會養、不知教，不過鄉下環境單純，加上凱凱媽媽聰明乖巧，上學、做功課，樣樣按部就班，不用老人家操心。

凱凱媽媽小學4年級，阿祖身體變差，小女孩北上。當時阿嬤的 piano bar 生意好，賺不少錢，買了房，樓上當住家，樓下是 piano bar，一邊做生意，同時能顧及女兒。但那畢竟不是朝九晚五的工作，一個早上8點上學、下午4點回家，一個白天補眠、晚上掙錢，母女倆的生活幾乎是平行線，交集少得可憐。

因此凱凱阿嬤用了在她的思維裡最理所當然的彌補，女兒缺了父愛、少了母親陪伴，她不但給足，甚至是超過同齡孩子的一切物質所需，只要負擔得起，一應俱全。

而萬般皆下品，惟有讀書高。她書念得不多，可是口袋有錢，平時為女兒請家教，出國工作，還拜託家教24小時陪伴。

眼見凱凱媽媽即將上中學，由於學區關係，被分發到當時台北市出了名的太保、太妹國中。阿嬤開始擔心，且想起曾有位算命仙講：妳女兒在國二時會變壞，要記得多抱抱她。凱凱媽媽再度被送回台南。

人的命運真算得到嗎？看過繁華世界的凱凱媽媽，同儕又都在台北，國二時，向凱凱阿嬤要求，想回台北一起生活。

此刻，算命仙的話，在阿嬤的解讀轉換成：如果不順著女兒，鄉下老人家管不動，說不定會變壞，回來同住，好歹在眼皮底下看著、管著。但沒多久，女兒連書都不想念，想打工，凱凱阿嬤沒輒，替女兒找一個行政小妹的工作。僅存的唯一心願，是女兒別走上岔路。

凱凱媽媽的成長、就學路，多因大人緣故，台南、台北兩地轉換，形變的影響，或讓她難以適應；而凱凱阿嬤獨擔女兒教養責任，只能用最簡單的方法，犯錯即喝斥、指責，導致看似平靜的親子關係，已然發生質變，兩人的心愈發疏離，終至惡劣。

回頭思索，算命仙並沒有什麼高深的道行，他不過講了一個教育孩子最基本的道理：關愛。可惜凱凱阿嬤聽進了第一句，女兒會學壞；卻忘了最重要的結論，記得多抱抱她！

凱凱媽媽打工後，開始出現偏差行為，16歲離家出走，四處惹禍，凱凱阿嬤常在半夜接到電話，不是到醫院急診室付醫藥費，就是到派出所保人。次次除了氣、怨、罵，卻想不出其他解決辦法。女兒總是乖個幾天，等她氣消，拿到錢，又一溜煙不見人影。

或許斷了經濟來源，孩子會認分待在家，這是凱凱阿嬤氣極之下所做的斷然處置，但她太低估女兒已經收不回的心；凱凱的媽媽與生父後來竟因缺錢，騎車行搶，在與被害人拉扯過程中，導致被害人摔倒重傷。法官認定，兩人行徑殘暴、惡劣，重判。

凱凱阿嬤有錯嗎？站在一個單親母親為女兒著想的立場，沒有錯，她只是在孤立無援的情況下，用太過單一的方式，管教一位正處於青春叛逆期的少女。

而面對2歲的凱凱，她的外在情況沒有任何改變，有的依舊還是一顆疼惜孩子的心。

凱凱從出生到死亡，與媽媽相同，不曾見過父親，也未曾喊過一聲：爸爸。至於媽媽，他一度以為，阿嬤就是媽媽。

凱凱在小學三年級時，才因老師細心，送醫診斷出罹患過動症（注意力缺損過動症）。在此之前，依凱凱的家庭狀況，無能亦無力警覺他的不同。可想而知，被當成一般孩子養育的凱凱，日子肯定大小波折不斷。

凱凱阿嬤要上班，沒辦法全心照顧小小孩，於是找了24小時托育的褓姆。但褓姆帶了半年，凱凱仍不適應，每回阿嬤出現，總拉著阿嬤的衣角哭，想跟著走。阿嬤忍不住臨時找了個時間到褓姆家，赫然發現，凱凱的臉紅腫，掀起衣服一看，身上青一塊、紫一塊。

凱凱阿嬤再怎麼理論，也只能認定是褓姆狠心，壓根沒想過，其實是孩子病了。迫不得已又把凱凱往台南阿祖家送，心想至少是親人，孩子不會遭不當管教。從3歲到小二，該是凱凱人生中最快樂的日子。在鄉間的老屋子，跟著70多歲的阿祖一塊兒生活，日常就是愛怎麼玩就怎麼玩，無憂無慮。

凱凱念小二，阿嬤回鄉下，卻發現他不知注音符號，連簡單的加減算術也不懂。進一步了解到，凱凱上課，坐不住，常任意在教室裡走動，干擾同學上課，還拿小石頭丟同學。

校方試著教導，也一度懷疑他有過動傾向，但鄉下相關醫療資源有限，加上老師面對的是凱凱阿祖，不識字的老人家，對過動兒毫無概念，更別提就醫一事。

學校與家庭教育本應相輔相成，凱凱生病，阿祖使不上力，校方能做的便有限。凱凱的小一，就在校園趴趴走度過，當然什麼都沒學到。

而凱凱阿嬤認為小男孩本就比較好動，看來阿祖是沒辦法了，乾脆帶回台北，土法煉鋼，親自教他注音符號、簡單的數學，總算在小三時，辦轉學，進入台北市中山國小就讀。

另外，她擔心凱凱不適應，調皮搗蛋，讓老師頭疼，遭同學排擠，於是日日到校陪讀，偶爾老師上課的內容，凱凱阿嬤聽不懂，下課還會請老師再講一遍，回家再教凱凱，直到他了解為止。

就這樣凱凱安然上完小三上學期。但阿嬤要為兩人三餐溫飽奔波，陪讀非長久之計，下學期開始，她試著放手，未料凱凱故態復萌，且變本加厲，上課時隨意走動之外，還大聲拍桌子吵鬧、推擠同學，甚至在音樂課時，敲斷直笛。同學害怕這樣的凱凱，回家告訴父母，引來部分家長反彈，強烈要求凱凱轉班或轉學，更揚言向教育局抗議。

台北市是首都，教師人力充足，資源也多，凱凱短短的16年生命裡，惟有此刻，得到上天眷顧，遇見貴人，他的班導師楊桂芳及輔導老師顏瑞隆，他的人生，也僅在此時，獲得尊重與重視。兩位老師發現凱凱的不對勁，迅速與台南的學校連絡，了解情況。

顏瑞隆非常專業，不厭其煩向阿嬤解釋過動症及學習障礙、智能不足等，可能會出現的相關症狀，並建議立即到醫院檢查確認，展開治療與控制等。阿嬤根本搞不清楚，一個能吃能喝、會玩的孩子，怎麼老師就說他病了？在半信半疑中，帶著凱凱去看醫生，果然，凱凱被檢查出罹患過動症，智力70，雖未達智能不足，但有學習障礙。

至此，阿嬤終於了解，凱凱小時候為何如此難帶，又與一般孩子如此不同的真正原因。

過動症、學習障礙在醫學上，早期發現，治療效果愈好，靠著藥物以及行為引導學習，可改善諸如注意力不集中、活動量過多、行為任性衝動等症狀。凱凱到小三才確診，晚了一些，但阿嬤不似一些父母總認為孩子長大就會改善，她聽從醫囑，認真學習如何陪伴過動兒，隨時盯著凱凱服藥，並按時回診。凱凱慢慢地好轉，總算能乖乖坐著上課、吃飯。

過程中，班導師楊桂芳持續與學生家長溝通說明，並召開親師會議，向大家解釋，希望給凱凱機會與時間，留在班上讀書學習，還與家長訂下改善期限，若做不到，就會讓凱凱轉班或轉學。

兩位老師的用心，家長們看到了，且感嘆凱凱的出生背景與病況，同意他回班上課。凱凱在藥物控制、老師、阿嬤的通力合作下，總算是大錯不犯，偶有小過的，度過小學三、四、五年級。

這段時間凱凱犯的小過，不外乎與同學爭吵、隨意拿別人東西，偷取店家玩具等，但被老師發現後，他都會依老師指示，向同學道歉，主動把東西還給店家等。凱凱逐漸了解是非觀念，只是過動症的衝動個性，有時難以壓抑，才犯錯。

凱凱的穩定與成長，看在眾人眼裡，十分欣慰。但好景不長，凱凱小六，媽媽刑滿出獄，直接、間接地讓平靜生活產生劇烈震盪，這一反轉，令他墜入無底深淵，終至死亡。

凱凱媽媽出獄回家向阿嬤拿身分證，要遷戶口，搬出去住。阿嬤卻覺得女兒怎麼沒得到教訓？應該住在一起，合力照顧凱凱才對。母女倆大吵，毫無共識，阿嬤一氣之下，做出了影響凱凱一輩子的決定：要出去可以，擔起責任，把孩子一併帶走，否則妳永遠不知做父母的辛苦。

凱凱媽媽倔強，帶著凱凱，在中山國小旁，租了一間套房，10年不曾一起生活的母子，突然住在一塊兒，大人不打緊，苦的是孩子。老師一下子便察覺到凱凱的變化，上課遲到、情緒波動，特地找凱凱媽媽深談，解說凱凱的過動症及學習障礙，盼母親如阿嬤，加倍用心，或許凱凱媽媽輕忽其中的嚴重性，給老師的回應是，男孩子要獨立一些。

再者，老師已幫凱凱安排好，到中山國小附近有特教班的國中就讀，未料開學後，人卻沒報到。盡責的國小老師找凱凱阿嬤問，才得知孩子一畢業，便跟著媽媽搬到中和。

老師苦勸阿嬤把孩子帶回來，但她認定，女兒該學著擔起責任，拒絕了。凱凱遂成了大人間意氣之爭的犧牲品。

凱凱媽媽的工作不穩定，對孩子的生活照護，已有一搭沒一搭，孩子有沒有按時吃藥、回診？自然不在她的顧及範圍。無人管控的凱凱，如脫韁野馬，下了課，有錢就混網咖，沒錢就在街上遊盪，隨之而來的則是偷竊行為。

2010年2月3日，凱凱偷了一台三輪車，隔天清晨，再竊取別人訂的羊奶，遭扭送警局，當時新北地方法院裁定交付保護管束。

然而法院一直連繫不到凱凱媽媽，無法責付，只好將他轉至雙和社會福利中心安置。20多天後，找到媽媽，卻得到無力管教的回應。法院再依據兒少法規定，把人送進中途之家，並轉學進入該學區的國中就讀一年級，且每兩周需向法院報到一次。

凱凱在中途之家，生活被強制回歸正軌，社工了解凱凱的過動症、學習障礙症狀，試圖以宗教協助、心理師個別諮商改善，另每逢開庭、回診，即通知媽媽一同前往，希望藉此增進母子情感，進而導正凱凱的行為，可惜媽媽不時的失聯；種種努力，成效有限。

社工、生活輔導員再怎麼盡責，要面面俱到，是奢談；進入中途之家的青少年，在性格上多少有缺失，希望他們和睦相處，亦是妄言。可想而知，一個過動兒，在裡頭該過得有多艱辛！

無論是在中途之家或學校，凱凱輕則與同學口角，重則打架，逃學事件也不斷上演；每兩周一次的保護管束報到，在社工、生活輔導員的督促下，儘管準時報到，卻態度欠佳，面對保護官嚴厲要求其修正各種偏差行為，他當面答應，一轉頭，全拋腦後。

其間社工也聯繫凱凱阿嬤，阿嬤曾前往探視，當時兩人分開生活才2年多，但過去10年的親密感竟已消失得無影無蹤，面對曾經最愛賴著撒嬌、擁抱、親吻的阿嬤，凱凱只剩沉默，臉上盡現防備感。

至於陪同出庭及回診，阿嬤堅持，要讓凱凱媽媽體會其當年帶孩子的心境，從而負擔起母親的責任，她不介入。

2010年11月2日下午，凱凱趁教室無人之際，偷取同學皮夾內的現金4000元，電話卡、學生證等。2011年4月6日上午，他翻牆進學校，偷走同學的零錢一共1246元，手機1支，及悠遊卡等物。學校發現，報警處理。由於凱凱非初犯，加上犯後態度不佳，和保護管束效果不彰，2011年4月28日，少年法庭裁定，2011年6月10日進入感化教育處所實施感化教育，預定期滿日期2014年3月11日。

凱凱被法院裁定接受感化教育後，阿嬤到土城少年觀護所，探視凱凱，人到了門口，卻坐在機車上，痛哭，遲遲無法邁開步伐。她思及16年前，女兒犯法，也是到這兒來看人。景物依舊、人事全非，她不敢相信，也無法透徹理解，自己和兒孫怎麼會走到今時今日的地步？

但對旁觀者而言，是再清楚不過的，不完整的家庭，不知如何求助的社會底層，弱勢只會一代比一代惡化。

國二是凱凱生命最動盪的一年，他走出家庭，走進街頭，又從街頭被帶進中途之家；最後一道關卡：法院，最是無奈，法官清楚原生家庭已幫不了孩子，孩子的未來怎麼辦？感化教育不是最好，但至少是個機會，萬萬沒想到，一個善念慈心，竟是判了孩子死刑。

凱凱，一個沒有自救能力的過動青少年，等同遭到這個成人世界有心、無意之間，給捨棄了。

第三章

桃園少輔院

聯合國 1989 年兒童權利公約：締約國應採取一切措施，保護兒童受照料時，不致受到任何形式的身心摧殘、傷害或凌辱。被剝奪自由的兒童應受到人道待遇，其人格固有尊嚴應受尊重，並應考慮到 18 歲以下少年的需要方式加以對待。兒童權利公約施行法並於 2014 年 11 月 20 日起施行，具國內法律效力。

請成人社會記住，這不是教條，是一種信念！

凱凱的人生變調後，阿嬤悔不當初，卻已惘然。隔代教養對經濟狀況每況愈下的她而言，已然心力交瘁，加上凱凱是個不一樣的孩子，無疑雪上加霜。阿嬤認為女兒該擔負為人母責任的做法，是對的，只是她未考量到，既然自己如此辛苦，女兒呢？有能耐獨扛凱凱這副重擔嗎？

至於凱凱媽媽因年輕意外生子，又長年未與孩子共同生活，對凱凱的感情本就淡薄。是阿嬤堅持，她才莫可奈何，帶著孩子離開。

凱凱媽媽的處境並沒有比阿嬤好，甚至更差，國中肄業，無專業在身，糟的是還背著刑案前科，想找一份穩定的工作，談何容易！白天在工地兼差，晚上到卡拉OK當服務生，日做、夜也做，出門時，就放錢在桌上，讓凱凱自理生活。

普通國一的孩子，已13歲，應有能力打理好自己，但凱凱是過動兒，心智又遠不及同齡孩子，面對這樣的日子，他又能如何？

青少年身心未臻成熟，因此霸凌事件層出不窮。凱凱常一身髒衣、髒褲，功課又跟不上，此時不像小學，幼齡同儕以向父母訴說為管道，青少年不怕凱凱，他甚至成為目標，取笑、欺負，一樣不少，這樣的環境，連一般孩子都經受不住，何況凱凱？拿著媽媽給的飯錢，蹺課混網咖，自然勝過在學校受委屈。

晚上回到家面對的不是空盪盪的房子，就是因犯錯惹來的母親怒氣，凱凱或許說不出感受，在外人眼中，那叫冷，學校、家都沒有溫暖，去與不去、回與不回，差別不大，不如身處街頭，閃耀燈光，熙來攘往人群，或能感受到些許暖意。

其間凱凱曾去找阿嬤，阿嬤還叫他回來一起生活。誰知，凱凱一拿到零用錢，轉頭就不見人影。阿嬤察覺，孫子變了，變得不說話，若開口就是說謊、騙錢。她實在力不從心，只盼老天爺眷顧這善良的孩子，並試著看開，這樣的孩子幹不了什麼大壞事，隨他去吧！

當凱凱被送進桃園少輔院，凱凱阿嬤自我安慰，內心深處僅存一個卑微的心願，孩子會安全的活著。

阿嬤甚至覺得心中一塊大石總算可以放下。和很多犯錯孩子的家長一樣，誤以為自己沒有能力教養，就交給政府管吧！專業的老師、管理員，及看起來不錯的環境，應該能導正孩子的行為。她的教育程度、艱困處境，讓她的思慮未及，把與眾不同的凱凱，放進說一不二的制式矯正教育，將導致什麼後果。

一道道關卡失靈，凱凱就如同斷線風箏，隨風任意飄，當風一止歇，只能下墜，終至碰撞落地。

2011年6月10日，14歲的凱凱正式進入桃園少年輔育院，入院健康檢查，身高164.1公分、體重47.1公斤、血壓123／75MMHG、心跳126次／分，體溫37℃，根據紀錄，是生命跡象穩定。

2013年2月5日晚上7點09分，凱凱被送進桃園敏盛醫院急診室，急救無效，宣告死亡。

依據法務部法醫研究鑑定報告書，研判死亡經過：「死者之右胸肩腋窩有挫傷後，引起組織間瀰漫性發炎、右胸肋膜囊炎、膿胸、十二指腸潰瘍、破裂、腹膜炎、右胸肩挫傷應疑為他為，亦為死亡原因之導因，最後因呼吸衰竭及敗血性休克死亡。」

「死者之死亡機轉為呼吸衰竭、敗血性休克、死亡原因為右胸肩腋窩鈍挫致組織間瀰漫性發炎、右胸肋膜囊炎、膿胸、菌血症、十二指腸潰瘍、破裂、腹膜炎，最後因敗血性休克及呼吸衰竭死亡。死亡方式與右胸肩受傷有相關性，故研判為『他為』。」

14歲的孩子，高瘦但結實地自己走進桃園少輔院，短短1年7個月，瘦成皮包骨，外帶嚴重瘀傷，橫躺著被送出。

鑑定報告書清楚的指出，死因「他為」，凱凱從進桃園少輔院後，除戒護就醫外，形同監禁在院內，誰是這個「他為」的凶手？

1年7個月裡，阿嬤前往探視次數不多，她認定少輔院很安全，沒去，也放心。怎麼也料想不到，孫子竟死在她覺得最安全的地方。

少輔院或許對一般孩子的人身是安全的，對失去專業醫療、師資協助的凱凱，卻是險境。他不懂看人臉色，無法按表操課，在規定至上的少輔院屢踩紅線，在國中、在家，他的自保之道是走開、遠離，在這兒，跑不掉，無處閃躲。

進入少輔院時，凱凱就持有台北少年觀護所2011年5月的2次看診資料，上頭明載「過動徵候群、輕度智能不足、特發於兒童及青少年期之對立反抗症。」

比對桃園少輔院的凱凱個人綜合資料表，內容是「買生智力良，精神狀態正常，身體狀況良好，未領有身障手冊」。

兩者相差十萬八千里，他的過動、學習障礙、反抗等病症，被抹得一乾二淨。他因病所引起的異常行為，自然給無限放大成惡意破壞秩序的行徑，可想而知，會遭致何種懲處與排擠。

所有遭法院裁定至少輔院的青少年，按規定皆先編入新生班，除了使其適應院內生活，少輔院也可藉此初步了解學生狀況，約一個月後，再正式編入一般的班級。

再者，導師每個月會依學生一個月來的生活情況，及違規的行為做統計，給予評語與輔導策略，稱之為「學生輔導考核紀錄資料」。成績好，日子就會好過些，或可提早離院，因此學生無不極力爭取好成績。

凱凱既被桃園少輔院認定正常，一切當然得按規矩走。一個月後，他正式編入孝六班，2011年7月導師評述：不可教化的病態。違規行為有：1、違反教室常規。2、隊伍中不對正不答數。3、午睡不睡在玩。4、睡覺打赤膊。

輔導策略及綜合評述：該學生智能低，學習較困難，因此不能確實班級常規，如教室講話逗鬧、隊伍中不對正不答數、午睡不睡與睡覺打赤膊，予以告誡，囑其注意改進。

8月，凱凱的違規行為包括，服儀不整、上課睡覺、與同學爭吵、隊伍中不守規範、罵髒話、茶禪課在玩。導師所給的輔導策略及綜合評述則是，該學生低能又有情緒困擾，長期服用精神科之鎮定劑，所以常睡覺，不論上課或活動都趴在桌上睡覺，至於其他清醒時又與鄰座同學逗鬧、爭吵，常無法遵守班級生活規範。

9月違規行為，不遵守教室常規、服儀不整、座位髒亂、違反食用零食規定，私相授受、踢幸姓同學、徐姓同學，不服管教又罵髒話、在浴廁走道撞鍾姓同學。輔導策略及綜合評述為，該學生低能，學習困難，轉至資源班上課，平時常不能遵守團體生活規範，近來更變本加厲，經常與人爭吵，辱罵他人，連師長管教，不但不服從，又辱罵師長，用手捶打鐵門台，情緒失控。予以監管。

三個月來的種種違規行為，在凱凱的國小老師顏瑞隆眼中，一看即知是過動症狀，說話大聲、注意力無法集中、脾氣暴躁、情緒失控等等。只要對症下藥，加以控制，皆能改善。

桃園少輔院卻以智能低下視之，看診時，給的是鎮定劑，以壓抑其情緒，加之導師、同學未多予理解，惡性循環，凱凱在少輔院內的處境，愈來愈糟，得到的評語，愈來愈不堪。

之後凱凱遭指述的違規行為：該學生有情緒困擾症，長期服藥中，平時不是昏睡就是與鄰座同學戲玩，所以常與同學爭吵，甚至拿碗丟余姓同學，又生活習慣差，服儀不整又髒亂，座位內務也凌亂，表現極差，持續監管中。

評語：該學生自恃病況，師長較予寬待，不但不知感恩悔改，甚至變本加厲，不聽教誨，不服管教，稍不順己意，即罵人，與人爭吵不休，持續監管保護中。

12月的評語更嚴厲了。該學生冥頑不靈，不受師長教誨，言行懶散，目無法紀，不服管教，胡作非為，偷同學東西，破壞公物，髒亂，常與同學爭吵，情緒不穩定，予以監管。

冥頑不靈四字，對常人該是到了莫可奈何地步，且所有評語最後一句皆為予以監管四字。如何監管？並無紀錄。以文字敘述看，導師的耐性恐已消磨殆盡。

到了2012年3月，導師評語：該生目無法紀，冥頑不靈，雖然教誨，義理不入。該學生本就體弱多病，且有偽病情況，平日不遵法紀，不聽糾正，反抗心強，不服管教，又辱罵師長，予以監管。

4月評語，該生冥頑不靈，幾近病態，不聽師長教誨，胡作非為。該學生言行全無法紀，違犯不斷，又不聽糾正，不知悔改，狡辯抵賴，毫無是非廉恥之心，時又與同學爭吵互罵，予以監管。

導師用詞益發激烈，一個成年人明知白紙黑字會留下憑證，仍寫下病態，無廉恥之心，甚至認為凱凱在裝病等字眼。顯見是忍無可忍。

然轉而深思，進入少輔院的孩子，皆是父母、學校已束手無策的非行少年，如果可以，他們也不希望孩子如此。少輔院是他們挽救自己孩子的最後一道防線。導師對凱凱的評語，滿紙謾罵，無一字如何教化？令人不敢思索凱凱的處境。

且若說，桃園少輔院自始至終不知凱凱是過動兒，那麼導師情緒或可得到些許體諒。諷刺的，是在凱凱死後，桃園少輔院居然能清楚指出，凱凱入院前即經亞東醫院診斷為：過動症侯群、輕度智能不足，特發於兒童及青少年期之對立反抗症，看過動門診及藥物治療中，並有用鉛筆自殘史。

官僚體系之冷漠，至此你能否感同身受？凱凱呢？他是過動兒，是有學習障礙，但他仍是個人，非無知無感，他曾向外求救，然天可憐見？凱凱終究以死控訴，成人世界有多殘忍！

凱凱曾向前來探視的少年保護官，發出求救訊號。2012年1月16日新北地方法院少年法庭王姓少年保護官前來慰問學生，凱凱向其訴說：「被打，手快斷了。」此求救訊號，不說還好，一發出，反將之推入更悽慘的處境。

投訴行為，在公家是大忌，適用於各級單位。若遭知情，將被視為「抓耙子」、「報馬仔」，上級主管因此考績不佳、被檢討事小，萬一消息走漏，引起外界關注，遭查辦事大。凱凱此舉形同與整個桃園少輔院的管理階層為敵。但一名過動兒，他不知也無從理解此一潛規則。

這種情形在矯正學校誠正中學曾發生，一位剛到矯正學校的黃姓學生出庭時，告訴法官，自己被打。回校後，管理人員詢問出庭情形，黃生坦承一切，立即惹禍上身。

黃生就在管理員「未察覺下」遭同學集體毆打，凌虐至好幾隻腳趾甲化膿。後因傷勢惡化，戒護就醫，醫院看不下去，報警，經媒體報導後，才揭發矯正學校縱容學生管學生，近乎實施私刑的不當行徑。

社會化深一點的孩子，通常被「教化」後，皆知以噤聲不語因應，甚至會表示是自己跌倒，或運動受傷，以防更嚴厲的「教化」降身。

凱凱有沒有被打到手快斷了？外界不知。因保護官向少輔院反映後，凱凱在師長、管理人員的追問下，寫「自白書」承認自己說被打，手快斷了，是胡言亂語。

但2012年6月8日，凱凱2度向王姓少年保護官抱怨，被同學欺負，及主管太嚴格等，強烈要求轉班。保護官據此，特別向院長林秋蘭詢問，林院長表示，凱凱確實是比較棘手特別的學生，已交代孝六班老師多注意關心，也會評估轉班的可行性。

事隔21天，凱凱在衛生科看診後，情緒失控痛哭，堅持不回班上上課，要求轉班。

面對凱凱的激烈情緒反應，桃園少輔院由上至下，包括院長、訓導科長、老師或因擔心再度引來保護官的關注，同意讓凱凱轉班，實際上，他們並未正視問題，因同一時間，訓導科長還在凱凱的獎懲報告表中，竟是擬辦指示加強考核及嚴為考核，而院長居然也核示「如擬」。典型的官僚殺人，就這樣活生生的發生。

前後三次求救訊號，真相究竟為何？對照凱凱在桃園少輔院1年7個月的就醫紀錄，可窺見端倪。他就醫達96次，其中精神科、內科、外科、皮膚科、牙科等問診有64次，戒護外醫5次。2011年9月到12月，3個月即出現多次的拉傷、扭傷、挫傷，他說自己「被打、手快斷了」，真是胡說八道！

可悲的是，或許正因他在老師眼中的低能、冥頑不靈，才使得他雖身受嚴格督管，仍一次又一次的向外求援，不是嗎？

當凱凱死亡後，院長還不忘對著凱凱阿嬤說，「我們很愛凱凱的，很照顧他。」問題是，如此愛法？誰人能禁受？卸責之詞，家屬情何以堪！

最讓人心痛與憤慨的，並不在此，而是當凱凱死前26．5小時的監視器畫面曝光後可知，桃園少輔院根本是眼睜睜地看著，放任凱凱在痛苦不堪、絕望的狀況下，生命一點一滴消逝，其間還夾雜著輕蔑與羞辱。孟子曾云：人之所以異於禽獸者，幾希，……。午夜夢迴，不知曾目睹凱凱死亡經過的桃園少輔院人員，做何感想。

2013年2月4日下午2點30分，凱凱被送進桃園少輔院的三省園。桃園少輔院在出事後，稱其為隔離病舍，但在監察院鍥而不捨的追查下，院內醫生、管理員說明，三省園其實是監禁違規少年的禁閉室，偶爾做為傳染病的隔離房。簡陋的禁閉室，只有床及廁所，無任何醫療器材，及看顧的醫護人員。事實上，桃園少輔院衛生科旁設有病房，院方卻把凱凱扔進禁閉室。

凱凱死前26.5小時，孤獨無力呼救，或許他不想再喊，因為他很清楚沒有人會伸出援手，監視器畫面標註的時間，冰涼地如同在替他的生命，倒數計時。

2月4日下午，凱凱因右肩疼痛，趴在桌上，導師覺得他影響同學上課，未考慮是否送醫，反而建議送到三省園。

下午3點，凱凱走進三省園時，監視器畫面可看出，他的動作遲緩，左手不時撫著右胸，臉上表情痛苦，而送他進來的同學，因不知事情的嚴重性，直接把棉被、日常用品扔在地上，但管理員，一個成年人，亦無絲毫同情心，用腳把扔得一地的物品踢到一旁，並要求凱凱把東西整理好。凱凱摀著胸口，緩緩地蹲下撿起，放置於床上，並坐在床邊。

前矯正署長吳憲璋因此案被監察院約詢時，看著監視器畫面，哽咽地說：「心如刀割，不知凱凱會被這樣對待？」

凱凱被獨自留在三省園內，時坐、時躺，左手總是停留在右胸口，表情冷漠、呆滯地望向前方。按理生病的人，該是無力躺著，但他似乎是因痛楚，坐立難安。

晚餐時刻，公差學生送飯進來，凱凱欲以右手支撐身體起床，卻無力，同學見狀，抓住凱凱的右手，協助他起身。此時殘存的求生意志，驅使他掙扎著扒飯吃，努力地想吞下食物，但一大碗飯，只吃了10口，已用盡所有氣力。悲哀的是，他還不忘嚴格督導下養成的習慣，放好餐盤，才躺回床上。

同學、戒護人員再度進來，拿藥給凱凱，並收走餐盤，喝水吃藥後，他躺回床上，但身體已蜷縮成蝦狀姿勢臥床。若非疼痛難耐，何至於此。

突然他坐在床頭，頭靠在床邊欄杆，以左手拉後方領口，脫掉上衣。此時的監視器畫面中，凱凱走至另一張床，背面到側面還未見傷口，穿上衣服躺下。

短短6個小時裡，凱凱不停換床，變換姿勢，似乎是想找出一個讓自己能夠比較沒那麼痛的位置與方式，好好休息，但胸口的傷應該是持續惡化，疼痛伴隨著高熱，讓他躁動，無法安穩休息。

當天晚上10點，凱凱拿著類似毛巾的白色物品，手扶廁所牆壁，頭靠著廁所牆壁起身，進廁所拿了一包衛生紙，出來後，隨即整個人倒臥床上。隔沒多久，他翻身側躺，11點58分又光著上半身，右手肘抬起，右腋下方出現一片陰影，右胸口開始顯現傷口。

2月5日清晨，他醒來坐在床鋪，頭癱靠膝蓋，後起身彎腰自地板上拿臉盆及毛巾，用臉盆裝水後，又躺回床上，沒多久再起身，走至水龍頭邊上拿起溼毛巾，躺回床鋪，將溼毛巾蓋在右胸口上。

隔1小時，同樣的動作，緩慢起身，走至水龍頭前，只見他吃力地把裝滿水的臉盆直接端到床上，人躺臥著，手不斷伸進臉盆內，似是將水潑至上半身。

可能是嚴重惡化發炎的內傷，致使渾身如火燒，在溼冷的2月天，脫去上衣仍不足以降溫，他惟一能做的，是用凍得如冰的自來水潑身，然此舉澆不息高溫，更無助於止痛，他的氣息正一絲絲地被病魔抽離。

早上，凱凱的生命進入倒數，精神萎靡，身上出現紫紅色瘀血。管理員還要求他摺好棉被，拖著極不舒服的身體，他沒有力氣反抗，就連表達自己不舒服的企圖都消失殆盡，順從地把棉被摺好。

後續導師、戒護人員、院長及戒護科長都曾到三省園探視，一大群人，對凱凱的異常，幾近視若無睹，沒有任何警覺。只有管理員關西和一度建議將凱凱戒送外醫，卻得不到任何人的搭理，致錯失送醫的黃金時刻。

中午，公差同學送入中餐，放置於凱凱身邊，他趴臥床上，約5分鐘後，才拿起筷子，下一秒卻見他把餐盤推開，從床上坐到地板，整個人抱胸縮成一團，臉部盡現痛苦扭曲表情。此時，戒護人員入內，送藥給凱凱，看著他吃藥喝水後，連同飯菜一併收拾離開。孩子的痛，戒護人員睜眼不見，粒米未進，更無一句關懷之語。連一隻小動物受了傷，都能引來的側隱之心，凱凱卻得不到。

吃藥後的凱凱，病況急速惡化，一下子坐、一下子躺、一下子趴臥，痛苦萬分。2小時後，戒護人員及公差同學送枕頭、棉被入內，凱凱的右側衣服出現血漬。

凱凱突然下床，手扶著欄杆及廁所門，彎著腰緩緩走進廁所。二名管理員、一名醫護人員、二名學生進入房間。學生把凱凱從廁所攙扶出來，此時他全身赤裸，腋下至腰部大片瘀紅，醫護人員為他敷藥，並拉起右手及觸摸右肩，確認該處有無問題。

一名學生量體溫，一名穿粉紅背心的人取走凱凱放在廁所的衣服，二名學生幫他穿上褲子，此時醫護人員再度抬起凱凱右手，摸右肩處，並與管理員交談，因監視器畫面無聲，無從得知兩人談論內容，學生再幫忙穿上衣服。一行人大約待了半小時左右離去。

那時或許已有人察覺情況不妙。接著三名管理員及藥師進來為凱凱量體溫及血壓，但他已癱軟無法自行起身。戒護人員掀開凱凱的上衣給科長看，傷口清晰可見。

根據監察院事後查證，下午4點01分，管理員關西和再度向科長陳立中建議，應盡速將凱凱戒送外醫，衛生科藥師何安杰也表示，「黑青要假成這樣不容易，如果現在不送，等一下也要送外醫。」但換來的是陳立中對凱凱的斥責：「外醫也讓看了，X光也讓照過了，你麥擱假鬼假怪。」陳立中的反應，周遭無人敢再力爭，默默離開，丟下連翻身都困難的凱凱一人。

半小時後，院長林秋蘭前來，透過瞻視孔詢問凱凱：「你還好嗎？」並在事後自稱，看見凱凱點頭，表示他很好。事實上，監視畫面上的凱凱，早已沒有反應。

一個對著病重孩子斥責的科長、一個已到三省園門口卻連房間都不願踏入的院長，孩子在此處會得到什麼樣的教化、照顧？不言可喻。凱凱除了以死，還能用什麼讓這些人得到教訓？

監視器畫面繼續轉動，戒護人員帶一名公差同學進入，學生用手拉起凱凱的左手，讓他坐起，戒護人員拿枕頭墊在凱凱背後，但凱凱已癱軟，同學強行抱起他，換方向讓他靠著床頭睡，並餵食，可是他根本連嘴巴都張不開，戒護人員見狀推了推凱凱的頭，凱凱的頭順勢歪斜，毫無反應。

戒護人員不死心以棉花棒沾水，想餵凱凱喝水，用手推了凱凱兩次，拿飯、茶在他面前晃了晃，再把飯、茶放到地上，反覆幾次推了推凱凱的頭臉，最後竟強硬把白飯塞進凱凱嘴巴，見他仍無反應，才嚇到先拿筷子把硬塞的食物取出，趕緊通知醫護人員。

下午5點半，科長進入，藥師與科長對話，護理師進入，桃園少輔院還不忘找公差同學持DV入內拍攝錄影，才開始為凱凱量脈博、血壓、CPR。院長這時終於踏進房間，醫院救護車也已抵達，救護人員緊急為凱凱戴上氧氣罩，持續CPR，上擔架，飛車送急診室。

監視器畫面曝光，桃園少輔院一干人等的漠視殘忍，導致凱凱斷送性命，令外界痛心疾首。凱凱最後不得不只剩下沉默，如同沒有收音的監視器畫面，他的一生就這樣以一場默劇收場，直到進了太平間，才有哭泣聲傳出，那是阿嬤的痛哭聲。

桃園少輔院的死亡之路，充斥著官僚、傲慢，一個過動青少年，被成人世界一步步地逼上絕路。

首先，凱凱進桃園少輔院，沒有專業輔導老師的協助，得到的是，桃園少輔院以各種不當方式壓制其病症，直至反抗不了。而由導師評語資料可間接得到證明，凱凱與老師、同學相處出了極大的問題。

據待過少輔院的學生表示，導師是班上最重要的人，他高興大家就好過，不高興大家就難過。嚴加督管的可能做法，有體能操練，如伏地挺身、青蛙跳、身體彎成拱橋形狀等，較嚴重的會打腳底板，或手心，如果留下烏青傷痕，為免被發現，這段時間家屬禁止探視。而這對凱凱不構成問題，因為阿嬤的探訪次數不超過10次。

每個班上設有學生幹部，專門協助導師處理班級事務，通常幹部塊頭較高壯，性格較凶悍，也較為資深，一來能震攝同儕，二來執行交辦事項也易達成。好處是，可拿到較佳的評價分數，有機會早日出去，因此許多學生會爭取擔任幹部。

在桃園少輔院，依學歷分班，從高中到國中小皆有。以凱凱來說，國二生應是被編在中間班級，由於正值青春期，心性不如高中生穩定，相對的導師面對他們也較為嚴厲。

導師的教化通常限於口頭斥責，幹部自會體察上意。凱凱未出事前，桃園少輔院有幾處地點，沒有裝設監視器，這些死角，恐怕就是幹部私下把同學點出去聊天的地方。

待過少輔院的同學表示，點出去，做到何種程度，就看導師的怒氣到哪兒，畢竟大家都希望早點兒離開少輔院，沒人會故意在裡頭惹事，搞得刑期延長。

其次，忽略求救訊號。監委在凱凱過世後，約詢當時的王姓少年保護官。保護官表示，前後共4次去探視凱凱；第一次，基於尊重及信任桃園少輔院的管理模式，加上瞭解到凱凱不服管教、衛生習慣不佳等，多半是他個人因素造成，即好言要凱凱多自省，與學習服從。

第二次，凱凱再度提出抱怨，強烈要求轉班，保護官雖起了警覺心，但處理方式是直接向院長反應。2012年的8月27日第三次探視，凱凱已轉到孝三班，仍有埋怨，神情已比之前愉悅。

2012年12月17日，保護官第四次探視，凱凱換至孝五班，他再度抱怨同學常故意欺負作弄他，害他受傷送醫。保護官除了鼓勵外，卻只向接待的訓導科老師瞭解其適應及受傷就醫原因，老師回應，同學間的打打鬧鬧，無大礙。

就在第四次的探訪後，不到2個月，凱凱死訊傳出。保護官表示，聽聞消息，心中的震驚傷痛與不捨，難以筆墨形容，於約詢過程，泣不成聲。

按規定，少年保護官例行三節會訪視少輔院的孩子，據了解，王姓少年保護官對凱凱在少輔院內密集就醫96次，並不知情。顯示訪視流於形式，如何能得知孩子在少輔院的真實處境？

凱凱的求救訊號，在保護官選擇尊重信任桃園少輔院的管教方式下，硬生生遭截斷。對於孩子的陳述，保護官僅浮面關懷，未針對性地深入探詢，而處理手法，永遠只是轉頭問問管理單位，讓人不禁想問其究竟了不了解自己職銜「保護官」三字的使命感，及重責大任？活著的人仍可泣不成聲，然逝者再無第二次機會。

從少輔院到保護官，此種制度設計，是期望能以多重管道，協助接受感化教育的孩子，矯正偏差行為，安全接受教育後，再重新踏入社會。但如果執行人員專業不足，或負荷量過重，以致矯正教育，只有矯正而無教育，凱凱將不會是最後一個死於少輔院的孩子。

而桃園少輔院面對一個傷重的孩子，未積極進行了解處理，直至人斷氣才送醫。此種不人道對待，更嚴重違反國際公約，破壞我國人權形象。

根據公民與政治權利國際公約第10條：「自由被剝奪之人，應受合於人道及尊重其天賦人格尊嚴之處遇。」

聯合國1989年兒童權利公約（Convention on the Rights of the Child）第1條、第19條第1項及第37條第（C）項前段指出：締約國應採取一切措施，保護兒童在受照料時，不致受到任何形式的身心摧殘、傷害或凌辱。

被剝奪自由的兒童應受到人道待遇，其人格固有尊嚴應受尊重，並應考慮到18歲以下少年的需要方式加以對待。兒童權利公約施行法並於2014年11月20日起施行，具有國內法律之效力。

「阿嬤，我好冷喔！嗚……。」凱凱死後1個月，阿嬤夢見了他。夢裡的凱凱，全身赤裸滿身是血，縮成一團的邊哭邊喊冷，阿嬤跟著哭，想抱抱凱凱，卻始終抓不到，因為他被關在一個很黑的房間裡。阿嬤在誰能幫幫他們祖孫倆的焦急中，滿臉淚水驚醒。

她不斷想起凱凱死前1個月，去探視時，凱凱不知何故交代，「我快要回去了，記得叫媽媽不要換電話，否則我會找不到人來接我喔！阿嬤，等我回去後，我會乖乖的孝順妳。我會聽話，不會再搗蛋，不會再讓你擔心。」如今看來，凱凱彷彿在交代遺言。

她更常想的是，當年她把凱凱留在身邊，是對還是錯？如果人在育幼院，或乾脆送養？他的一生會如何？她也曾去和凱凱的小學老師討論：「若沒有堅持要凱凱媽媽帶走凱凱，他會不會變壞，會不會進少輔院？」

一連串的假設，顏瑞隆老師清楚答案，凱凱若持續獲得專業資源協助，一定可以活下來，活得很好。人生將有不同風景。但一個特殊孩子，需要的家庭、學校到社會，通力合作，才能健康成長。他個人之力，在凱凱身上，顯得如此薄弱與渺小。

凱凱死後，阿嬤幫他選擇樹葬，短短16年人生，苦難多於歡樂，希望凱凱別再有任何牽絆，安心去當小天使。不過，人入了土，卻不安，她依舊夢見凱凱在一間暗暗的房間裡，無助地哭著、無言地望著阿嬤。阿嬤心中充滿不解、疑惑。

看了監視器畫面後，她突然覺得，夢中的凱凱似乎是在三省園裡哭泣。魂魄還關在禁閉室？醫院開的診斷證明書寫著「到院前心臟停止」，難不成最後一口氣是斷在三省園內？但凱凱媽媽卻在醫院引魂，因為當時的引魂儀式極不順利。

2013年2月8日的下午4點半，凱凱媽媽前往醫院引魂，道士要她用2個10元擲筊，詢問凱凱是否有召感前來？始終得不到一正一反的允杯。阿嬤看了監視器畫面後，追問才知，原來凱凱媽媽記錯凱凱的出生日期，怎麼召得到魂呢！

凱凱不斷入夢，在阿嬤的傳統觀念，一是冤屈，一是沒有安息。她擔心，凱凱個性固執，曾答應她在桃園少輔院會好好聽話，如果沒有得到少輔院同意，肯定不敢踏出一步，生前如此，死後亦然。她希望能夠回桃園少輔院召魂，卻被拒絕了。

阿嬤很無奈，召不了魂，只剩盡力為孫子討回公道一途。她雖曾思及自身處境，像他們這種外界眼中的失能、弱勢、貧窮、單親、隔代教養家庭，加之凱凱父母犯過案，凱凱又是所謂的不良少年背景，可能會被瞧不起，講話可能沒人聽，要怎麼幫凱凱申冤？但凱凱死前的監視器畫面，如植入腦海，一再重播，她不能再次怯懦，為了孫子，也為了自己。

第四章

三位女性

2013 年 8 月凱凱死後 5 個月，台灣軍中發生一個案件：洪仲丘案。洪仲丘讓凱道下起了「8 月雪」，約 20 萬人一身白衣，因他的死憤慨走上街頭。但凱凱呢？沒了就沒了。幸有 3 位女性堅持，同樣是一條人命，不該有分別，透過一位前台北市議員、立法委員尤美女、監察委員王美玉，主張人權需要保護，就算是犯錯之人亦然。她們一棒接一棒，替這可憐的孩子，要討公道。

數據顯示，近7成非行少年，來自家庭功能失能，包括弱勢、貧窮、單親，及隔代教養，少年心性未定，除個人因素外，家庭、學校都是他們誤入歧途的原因。部分少年接受感化教育不全然是犯罪，而是虞犯。壞！絕非他們的天性。

凱凱阿嬤一直糾結於該不該大聲為孫子喊冤？她有辦法抬頭挺胸堅定地為孫子討個公道嗎？

阿嬤的掙扎來自這個社會對底層人的歧視、不公，她被浸潤在此氛圍太久、太久，長久到自己都對那有色眼光，習以為常。

認識凱凱的人，幾無正面評語，他不是鄰家討喜的小孩，是大家口中的不良少年。朋友甚至勸她，孩子就是壞，才會被關進少輔院，沒救啦！死了就死了，有什麼好吵的？

更有朋友講，你們家庭這麼不正常，養出來的孩子怎麼會正常？你們自己管不了，關進少輔院裡，人家也管不了，何況是他自己抓癢造成傷口發炎死亡的，趕快讓孩子入土為安，走出傷痛，比較實際，何必大費周章，尋什麼真相！

無人懷疑凱凱的死因，朋友都勸她，不要再鬧了，還有人懷疑她提告，是想要大筆賠償金？連周遭朋友都如此，何況陌生人？

阿嬤痛心，她根本不是要錢。凱凱過世，她有1個多月，不知怎麼過的，腦子是空的、人也是空的。尤其2月8日的召魂法會，2月18日的解剖，應是世間所有白髮人的錐心之痛。

解剖當天，少輔院來了很多人，但人到心未到，從他們的神情，阿嬤見不到、嗅不出一絲關心之情、愧疚之色。

無人安慰、說明，更別提交代孩子何以死得如此悽慘之故。阿嬤忍不住思索，難道在這些人眼中，進了少輔院的孩子，就無可救藥嗎？反正連親人都不關心的孩子，命也就不值錢嗎？最後她甚至轉而懷疑自己透過司法途徑追究真相，錯了嗎？

生老病死、世事無常，阿嬤早已看透。生活的困頓、感情的波折、女兒的叛逆、凱凱的病況，把她磨得對一切處之淡然。她抱持高興也是一天、難過也是一天的心態，向來安安靜靜地度日子。可是凱凱的死，過於突然，詭異到她平撫不了內心的疑惑，無法用慣常的處事模式，說服自己，放下！

阿嬤無助，依舊逢人就問，但沒有人認為她可以找到答案，要回公道，反勸她，算了吧！孩子走了也好。有朋友更消極說，提告也不會有結果，因為司法、社會對犯錯孩子有既定的主觀印象，誰會花心思替不良少年討公道？

阿嬤一度心灰意冷，更不知從那裡著手，才能得到真相。直到凱凱死後1個月，電話響起，一位不是很熟悉的朋友，輾轉從別人口中聽聞凱凱的遭遇，打電話來，表示要帶她去找市議員幫忙。這通電話，重振阿嬤幾已滅失的信心。原來，還是有人願意為她那不幸亡故的孫子出力，肯幫一個不認識的孩子討公道。

阿嬤惴惴不安地跟著朋友到台北市議會，找一位前民進黨籍市議員協助，直到踏進市議員辦公室門口前一刻，阿嬤仍舊不敢抱太大希望。她一輩子沒跟「大官」打過交道，總覺得民意代表辦的是大案，這種死了一個小孩的案子，會不會太小？市議員會不會嫌麻煩？真的會協助嗎？

那天，這位市議員沒讓凱凱阿嬤失望，更沒讓死去的凱凱失望。她親自全程聆聽阿嬤講述凱凱的過往，從出生到死亡，從偷竊進警局，再被裁定至桃園少輔院。她的耐心與專注，讓阿嬤感動到止不住淚水，也把這一個多月來的擔心害怕，全哭了出來。

她非常重視凱凱的死亡原因，抓癢致死，太扯了，並承諾，一定追究下去！這句話形同給予阿嬤一劑強心針，原來祖孫倆並不孤單。

她動員所有力量協助，因案子涉及中央管轄的法務部矯正署，她還帶著阿嬤去找民進黨籍不分區立法委員尤美女。

尤美女是不分區立委，更是知名的人權律師，長期以來，協助許多團體、個人爭取人權。阿嬤有機會拿著凱凱的案子，進立法院。

負責凱凱案子的尤美女辦公室主任蔣月琴回憶，通常民眾死亡的陳情案，會列為最優先的重大事件，全案很快呈報給尤委員，並旋即開了內部會議研究。

會議也與市議員持相同看法，小孩死在桃園少輔院，死因是抓癢，身上還留有大片瘀血，簡直匪夷所思。

不過，桃園少輔院是公家單位，出面投訴的家屬又是阿嬤，不是媽媽，會議中也有人提出質疑，抓癢致死，家屬會不會誇大其詞，背後動機是想索求巨額賠償金。

其實，這種不信任感，來自少數心態可議的民眾。立法委員職責之一是接受民眾陳情，除了立法院，各立委在選區還設有大大小小的服務處，每日的陳情案多不勝數，更千奇百怪，但最終都是民眾認為自己有冤，無處伸。

不過，部分民眾上門陳情的動機並不單純，檯面上討公道，說到底卻是為了錢，尤其碰上政府機關，通常都獅子大開口，找立委，其實是想打著立法委員的名號，遂行其願。久而久之，對這類案件不免會產生幾分懷疑。

但畢竟人命關天，加之議員曾深入調查，可信度足夠，尤美女辦公室雖有疑慮，仍不敢輕忽。

蔣月琴過往接觸的死亡陳情案不算少，陳情人提供的被害人照片，她也見多了，然而與凱凱阿嬤第一次碰面，看到凱凱死後的照片，卻震驚不已。

蔣月琴震驚的原因，並非傷口可怖，是胸口大面積的瘀血，怎麼可能是抓癢造成？桃園少輔院給的理由，太過離譜，把家屬當傻子嗎？

普通人若親眼看到凱凱的照片，第一反應肯定是驚嚇，如果再得知凱凱生前際遇，痛惜必定帶著憤怒。但桃園少輔院方面，態度冷淡，絲毫感受不到他們的同情心與愛心，亦連結不上他們口口聲聲所謂的很照顧孩子。這樣的人，怎麼能到少輔院擔任矯正教育者？這些來自家庭失能，行為偏差的孩子，會得到什麼樣的處遇？蔣月琴愈想，心愈沉。

凱凱的案子發生時間比洪仲丘案早，尤美女辦公室認為，兩者頗為相似，被害人都是遭陰暗、不合時宜體制中的管理者體罰致死，因此是以洪仲丘案桃園少輔院版，定義凱凱的案子。

事實上，兩案有所差異。洪仲丘是普通家庭成長的男孩，是大學畢業，到軍中服義務役的役男。他本該擁有光明前途，退伍前夕竟枉死軍中，家屬找民代陳情，姊姊在媒體鏡頭前痛陳弟弟的遭遇，絕大部分人聽聞，易感同身受，激憤之情隨即漫延整個社會。

洪仲丘的死，先讓一位國防部長丟官，繼之約20萬白衫軍上街頭，在總統府前的凱道上，下起「8月雪」，最後令立法院迅速三讀通過修正軍事審判法，自此軍法回歸司法。

凱凱呢？他來自破碎不健全的家庭，是名過動、智力僅70，有學習障礙的國中生，國二因偷竊被法院裁定進桃園少輔院。他有沒有未來，無人可斷定，雖死得不明不白，但在這被稱為「最美風景是人」的社會，你、我捫心自問，或有些許同情、憤慨，但為他上街頭怒吼？一個不良少年，死在桃園少輔院，恐怕他個人因素造成的占比，較重吧！相信這是一般人的想法。

事後證明，凱凱的案子，同樣透過立委陳情開記者會，阿嬤哭紅雙眼的模樣，媒體亦如實呈現，卻像小石子丟入大海，漣漪立滅。

為保護善良老百姓的人身財產安全，犯罪，接受法律制裁，是民主法治社會的根基。但眾人未深思的，是罪刑法定，犯什麼罪、判多少刑期，皆有明文規定。受刑人也擁有基本人權，刑法禁止凌虐人犯，業務過失致死，亦訂有刑責。

一個不過是被裁定到桃園少輔院接受感化教育3年的青少年何辜？竟如遭判死刑，命喪桃園少輔院。未來可以扭轉、創造，可是命沒了，一切皆空談。而孰令致之？

凱凱和洪仲丘，不一樣也一樣！

桃園少輔院很清楚社會大眾對此類孩子根深蒂固的偏見，也對立法院無調查權，知之甚詳，挾偏見與法規，傲慢以對家屬、立委，近乎有恃無恐。

尤美女辦公室第一次找凱凱阿嬤與桃園少輔院協調，總算見識到桃園少輔院官僚的一面，也才了解到阿嬤的確疼孫，否則早已放棄。桃園少輔院態度依舊，僅反覆地說，「每一個孩子進到少輔院，我們都會很照顧，凱凱也是一樣，我們都很愛孩子，當然也會好好照顧。」

跳針式的回答，令人生厭，阿嬤終於忍不住直接嗆，很照顧、很愛，竟會愛到死掉！蔣月琴沒有阻擋，因為阿嬤說的是事實。

一場協調會下來，雙方各說各話，阿嬤哭得淚流滿面，氣得臉紅脖子粗，把別人孩子教到死的桃園少輔院代表人員，則全程一副「不干我的事」模樣，蔣月琴心中泛起一股寒意。

果然，由於立委無調查權，向桃園少輔院調閱資料時，處處受扞格。發文向桃園少輔院調閱學生一天的作息的教室日誌，得到的回應是，只保留1年。桃園少輔院隸屬法務部，公部門的文件僅保留1年？蔣月琴無奈，因為這不是特例，要求桃園少輔院提供資料，簡直難如登天，不是姍姍來遲，就是缺東落西，最糟的是，無法提供。

立委沒有權限要求桃園少輔院非提供資料不可，讓調查過程延宕。尤美女無法認同桃園少輔院輕忽人命的做法，她在立法院司法委員會，找來法務部矯正署官員，質詢有關凱凱的死亡案，並當場秀出凱凱死時，身上滿布瘀血的照片。現場先是一陣靜默，當尤美女講出，桃園少輔院給的理由是「抓癢致死」，台下騷動聲四起，「怎麼可能？」「裝肖仔！」甚至夾雜著訕笑耳語。

滿場的立委、官員、記者縱無醫學專業，也沒人相信抓癢會造成這麼大片傷口。大家本還誤以為，尤美女在諷刺矯正署。誰知，抓癢致死，真的是桃園少輔院給的說詞。

致死原因過於悖離常理，引起各媒體紛以「抓癢致死的少年」為標題，大篇幅報導。凱凱阿嬤則因此不再懷疑自己，擁有了為凱凱爭個明白的勇氣。

但就在眾人都已遺忘凱凱之死的2014年7月9日，桃園地檢署於將近1年半的偵辦後，以查無可疑之人行政簽結凱凱一案。簽結文中以凱凱的皮膚病史，徒手做伏地挺身，及未聽聞凱凱遭人欺負情事，指向非外力毆打，認無嫌疑人為結論。

尤美女得知，大為光火，法務部法醫研究所的鑑定報告清楚寫著「他為」，桃園地檢署竟還以無嫌疑人，行政簽結。且檢方似在呼應桃園少輔院抓癢致死說詞，令人不敢置信。這不是草菅人命，什麼才叫草菅人命？

為了找出真相，2014年12月30日尤美女再度召開「少輔院版洪仲丘！要求矯正署誠實面對還原15歲少年死亡真相」記者會，並提出五大質疑點。

一、凱凱生死前的痛苦警訊，被桃園少輔院嚴重忽視！

凱凱自2013年1月即開始表示不舒服，瀕死掙扎的痛苦從1月30日至2月5日，長達7日，即便在2月4日下午轉進三省園隔離的禁閉室後，院方還是沒有正視凱凱的不舒服，給予及時處理，忽視病況任其自生自滅！

這些跡證，可從院生的證詞中一一查得。

1、一整個月不舒服。

劉姓院生證詞：「1月時，他向老師反應人不舒服。」「就像變了一個人，完全不講話，是那種不舒服的安靜，臉上表情看起來就不舒服。」「印象中差不多是1個月，有陸續跟老師表示不舒服。」

2、連洗澡都需要人幫忙。

劉姓院生證詞：「2月1日我陪凱凱洗澡，當時他有表示不舒服，我有幫忙沖水……。」

3、沒辦法下床、上廁所。

胡姓院生證詞：「2月1日、2日因為凱凱不舒服所以換位子，他從下鋪去廁所等都有困難。」

4、不斷踩空、跌倒。

桃園少輔院報告：「2月4日凱凱於午餐後步出餐廳，要下階梯突然向右後方坐下，立即躺下……。」「午休起床自2樓下階梯踩空、倒下……中央樓梯4至5階又踩空跌撞同學……4日下午3時轉病舍休養。」凱凱數度跌倒而且必須由兩位同學攙扶……。

5、忽略在隔離禁閉室內瘀青、出血情況。

桃園少輔院報告：隔離禁閉室內的監視器畫面「2月5日凌晨2時50分凱凱脫掉上衣右手腋下有一小片瘀青，下午2時17、18、25分，身上白色上衣腋下部位漸漸滲出不明淡色液體，3時18分脫掉上衣，右手腋下有明顯大片瘀青。」

6、任其於隔離禁閉室內昏迷、休克，無人聞問。

法醫研究所函（2013年9月13日）：「食物依解剖事實之研判，解剖時，尚在胃內容物可分辨玉米乳糜黏狀物，支持為食後1至2小時達休克之過程，即休克狀況下可使腸胃道消化代謝功能瞬止，故依實務研判中午食後有可能因病情轉劇長時間半昏迷、休克狀況，由體溫僅35度即有休克體溫下降之過程。」

又根據管理員邢世煌表示，「凱凱都是蓋著被子，不清楚任何情況，我覺得凱凱沒有理會藥師，是不想搭理。」

再依據病舍日誌簿，2月5日從「中午12點用餐休息、17點25分察覺有異狀」，推估凱凱自下午2至3時昏迷休克後，到5時25分被發覺，竟有2到3小時沒有任何人查覺，甚至令人懷疑，凱凱被發覺時，已死亡多時。

二、死亡的真實時間？

自死亡到肢體僵硬需要多久時間？依據常理至少要好幾個小時。凱凱死的當天，下午從醫院醫護人員從5時51分到達病舍現場，57分送到醫院急診室，短短6分鐘會令肢體僵硬？其中是否有隱匿、造假情事？

1、桃園少輔院報告：「凱凱2月5日當天下午5時15分喝水、餵食，5時29分突然情況不對，護理師給予CPR，57分戒送到敏盛醫院持續急救，晚上7點09分宣告死亡。」

2、敏盛醫院紀錄（17點57分）：「救護人員17點51分到現場已無生命徵象，到急診發現病患右肋緣到右背處大片瘀紅、擦傷，且肢體已僵硬情形。」

3、鑑定報告「胃部：含有半消化玉米乳糜黏狀內容物約300毫升，推定食入之食物已達1至2小時左右達休克後死亡。」

但是，從桃園少輔院後來提供的事件報告及病房日誌簿，當天下午有幾個紀錄：4時多量脈搏、體溫，5時15分送入晚餐餵食，是否屬實令人質疑？

三、常遭幹部「點出去」？少輔院以暴制暴、特教生活該被修理？

劉姓院生證詞：「蕭姓院生不喜歡凱凱，也許是太吵，同學私下聊天聊到，他們會用幹部權力點他出去。」

到底「點出去」做了什麼？在少輔院內會被挑選為幹部，通常是較強壯、凶悍的院生；少輔院雖然名為少年輔育院，是對未成年之犯罪少年給予感化教育，以導正行為及持續學業，以期重返社會。但桃園少輔院仍然沿用監獄管理模式，放任院生幹部以暴制暴？

檢視凱凱在桃園少輔院19個月內，看醫次數高達96次，其中戒護外醫5次、肌肉扭傷挫傷占16次之多，是否也是少輔院不當管理方式所造成？

四、鑑定「他為」的命案變成「自為」？檢察官角色錯置凌駕法醫專業！

自2013年2月18日解剖，法醫研究所在3月6日即完成鑑定報告，桃園地檢署檢察官曾三度函詢法醫研究所，「經本署函詢上開挫傷之形成原因及所需時間……研判應為徒手毆打機率較高且較常見。又右胸腋區挫傷必須經由長期紅腫導致續發性皮下組織發炎……產生膿胸，可因體質、抵抗力有極大差距，一般經驗法則可在一周以上。」

何以在上述函詢回覆下，竟判定：「蜂窩性組織炎會引發搔癢之狀……其外觀呈丹紅色，與挫傷外觀相近。」「是死者是否確係遭外力攻擊所致，抑或其本身皮膚病併同運動傷害造成蜂窩性組織炎呈現之紅色外觀，尚無從確認。」

況且檢方依據凱凱有6次皮膚炎就診紀錄，而且最後一次皮膚炎在死亡半年前就診，卻完全忽略其16次肌肉扭傷挫傷之就診紀錄？

即便延遲至2013年8月才告知家屬鑑定結果，但家屬仍信任檢察官會調查出死因還給公道，孰知，簽結文竟推翻法醫研究所專業鑑定之研判，自行辯證論斷死因，如此草率，無法說服人的判定，不僅抹煞法醫專業，更令死者死因真相石沉大海！

五、法務部矯正署護短？未要求桃園少輔院懲處失職人員，卻大肆調離相關教職人員！

被收容在桃園少年輔育院一名16歲少年，不明原因在院內死亡，法務部矯正署到記者會召開日，沒有要求內部進行調查。沒有提出懲處名單，從尤美女立委辦公室在2013年3月15日召開協調會要求桃園少輔院盡速內部調查，後來才提出不滿5頁的事件報告。

但非常恰巧的在2013年2月20日至2014年6月12日，有很多人職務調動紛紛，離開少輔院，其中包括院長林秋蘭自願退休、祕書林豐益、科長陳立中、管理員刑世煌、護理師齊文玉、藥師何安杰，凱凱當時3位導師廖森松、徐俊業、蔡宏業都調離，這些與凱凱命案有直接相關的9人都已經離開桃園少輔院院。尤美女委員懷疑矯正署企圖掩護失職人員，湮滅凱凱的死亡真相。

偷竊幾千元的少年犯究竟有多大的罪過？我們國家的感化教育竟讓一條無價生命就此消失！為了要找出真相，尤美女在記者會中，呼籲桃園少輔院的院生，內部相關人員等，若知道實情者，勇敢向她檢舉，一同找出真相，還給凱凱和家屬一個真相。

立法委員尤美女的大聲疾呼，引起監察委員王美玉關注，監委雖無檢方的偵查權，但監察院是國家最高監察機關，可行使彈劾、糾舉及審計權，為行使監察權，得向行政院及其各部會，調閱其所發布的命令及各種相關文件。

桃園少輔院是公部門，擋得了立委，卻擋不住監委。桃園地檢署亦是公署，必須面對監察院的調查權。

王美玉主動開始了解凱凱的案子，並與尤美女連繫，討論案情。王美玉的介入，是尤美女第一次在此案中，感到欣慰，因為死去的凱凱又得到一次機會。尤美女回憶第一眼看到照片時的感受：怵目驚心。感嘆有哪個孩子在成長過程中不犯錯？凱凱過動，在人際相處方面本來就會有問題。這時需要的是特教老師、輔導員，桃園少輔院卻徹頭徹尾把他的病症，視之為「白目」，還嚴加考核、嚴加管制。這樣的孩子，愈管制，反彈肯定愈大，最後竟活活被管到沒命。

尤美女更無法理解的，是特殊孩子怎會往少輔院送？桃園少輔院的管理階層皆獄政體系出身，把控管成人犯的手法，直接套用在接受矯正教育的孩子身上，荒謬至極，何況凱凱不比一般孩子。

事實上，早在1997年，法務部的監所司，先改為矯正司，再到如今的矯正署，目的就在宣誓教化功能。從前監所功能在刑罰，以限制受刑人人身自由及物質生活為主，但現今強調教化，協助罪犯接受感化教育，才能重返社會，開啟新的人生。

因案被裁定進少輔院的未成年孩子亦同。他們犯錯絕大多數與家庭背景有關，在成長過程，未得到關愛，不懂得愛，又如何愛人？不少案例反映，受暴者長大後常常會變成另一位施暴者，若無安全的輔導機制，必惡性循環。

教育至關重要的緣故，在於孩子是大人的一面鏡子，成年人怎麼教育小孩，將影響孩子一輩子。如果感化教育只強調矯正，不重教育，強調嚴格考核，不重輔導，以責備、體罰壓制孩子，孩子將誤以為拳頭為王。從犯罪年齡愈來愈下降，手段愈發凶殘，可看出此一現象。一旦少輔院失去感化教育功能，只強調高壓手段嚴格監管，抱持叢林原則才能生存，孩子不凶殘要怎麼存活？

事實上，少年家事法官也擔心，矯正體系沒有給孩子尊嚴和關懷，只知一味體罰，甚至凌虐，導致孩子需更凶狠的面對一切，帶著仇恨，離開少輔院，重返社會，勢必在社會上引發更棘手的問題。

王美玉第一時間看到凱凱生前26．5小時的監視器畫面，震撼不已，痛心、憤慨之情一古腦衝上來，因為只要桃園少輔院及早戒護送醫，是有機會挽回凱凱一命，若真發生不幸，至少孩子的最後一程，不會那麼痛、那麼絕望。桃園少輔院的作為，形同一舉扼殺了孩子形體與精神。

凱凱心智年齡比實際年齡低，所以不是他不受教，而是他從根柢就無法理解自己為何被如此對待。身負矯正教育之責的桃園少輔院人員，難道會不知，根據兒童公約揭示，締約國針對觸犯刑法的兒童，應採用多種處理辦法，諸如照管、指導和監督令、輔導、察看、寄養、教育和職業培訓方案及不交由機構照管的其他辦法，以確保處理兒童的方式，符合其福祉並與其情況和違法行為相稱。

王美玉掀開法令，少事法第1條規定：「為保障少年健全之自我成長，調整其成長環境，並矯治其性格，特制定本法。」少年輔育院條例第2條：「少年輔育院，依法執行感化教育處分，其目的在矯正少年不良習性，使其悔過自新；授予生活智能，使能自謀生計；並按其實際需要，實施補習教育，使得有繼續求學機會。」

而按矯正署指出，矯正定義在改變行為人不良行為與習性，促其知過悔改，並對自我有重新的認知與期許，漸能融入及適應社會生活，而不再犯罪。因此，我國少事法基本精神以保護處分為主，少年矯正機關也以保護及教育優先之精神，在少年最佳利益及保護性之原則下，給予專業化及個別化之處遇，以期待到少事法所揭示保障少年健全之自我成長，調整其成長環境，並矯治其性格之目標。

公約、法則，對普羅大眾可能是觀念，但對每位從事少年矯正輔育的工作者，不該是深入骨血的信念嗎？縱使力有未逮，也不至讓一個孩子悽慘死去。

王美玉更感慨，依據「少年矯正學校設置及教育實施通則」第10條規定：「法務部應分就執行刑罰者及感化教育處分者設置矯正學校。這些學校之設置及管轄，由法務部定之。」同通則第83條規定：「本通則施行後，法務部得於6年內就現有之少年輔育院、少年監獄分階段完成矯正學校之設置。」

訂定少輔院改制為矯正學校，考量的重點，在因少年心性未定，除個人因素可能犯行外，還可能受環境、學校教育及家庭等因素影響。司法機關將少年裁定送入少年矯正機關接受感化教育，已屬最後手段，而接受感化教育學生不全然是犯罪，部分僅是虞犯少年，近7成之非行少年，是出自家庭結構不健全或家庭功能不彰的環境。但這些少年進了少輔院，卻被以監獄管理方式對待，承擔成人世界設計不良所造成的制度後果及苦難。

然而2002年當矯正署依通則向行政院核備，預計2003年7月將桃園及彰化兩所少輔院，改制為桃園及彰化少年矯正學校，卻遭行政院以中央財政困難，不予核備。

6年後，2008年，法務部一份「我國少年輔育院宜否全面改制成少年矯正學校研估報告」指出，少年輔育院的定位應予以明確化，但其中也表示，國家財政困難，評估少輔院改制，將大幅提高每位少年的矯正成本，並引述矯正學校出校學生與少輔院學生的再犯率，呈現些微差距，但矯正學校每位學生每年耗費卻為輔育院二倍；建議採取「少年輔育院與少年矯正學校」雙軌制。就這樣，法務部核定，少輔院暫緩改制至今。

中央官署囿於預算、人力，以對比少輔院與矯正學校學生的再犯率，此類冰冷生硬數字，便順手一推，把少輔院改制一事，扔到一旁。王美玉無法苟同。

桃園及彰化少輔院究竟應該是學校或監獄？應施予學校教育、補習教育、或矯正教育，對矯正教育特性及需求為何？該如何配置那種專業人力才能執行矯正業務？歷經十數年相關單位皆敷衍了事。無怪乎，會衍生出少輔院許多措施以教育方式為名，實則不當管教問題。最終賠上凱凱年輕的生命。

改制一定好嗎？矯正學校自然也存在著許多不合時宜及時代趨勢的規定，但按監察院諮詢相關少年及家事法院院長、法官及收容學生，他們給予改制為矯正學校的明陽中學，高度評價。

或許有人認為，明陽中學收容的學生，年紀較大，心性相對穩定，量刑較重，也令他們較為安分。但探究根本，是沒有一個孩子該被剝奪受教權，少輔院裡年少的孩子更應被保護，只要成人能給予適合他們的教育，而非一味的矯治，這些量刑輕的孩子，被重塑，改過自新的機率不應更高嗎？不幸的是，他們被官僚體系一再犧牲。

第五章

官場現形

孩子慘死，桃園少輔院沒有說明、道歉，只用 5 張 A4 的紙，報告死亡原因與過程，通篇官式文章，草草搪塞是凱凱自己抓癢、運動傷害致死。但隨著驗屍報告、監委調查，桃園少輔院的謊言，為了自保串供的惡劣行徑，一一被拆穿。

驗屍報告：因挫傷化膿，引發敗血症，整個病況漫延到十二指腸潰瘍，腸子破洞還發炎，引發腹膜炎，……。

凱凱嚥下最後一口氣前，大量膿血在體內亂竄，從裡向外的推擠著，流不出去，轉而擠壓侵蝕各處內臟器官。那痛，該有多難熬，直到痛死，凱凱才解脫。

他的傷勢，根據桃園少輔院的學生死亡報告表，「因2013年1月30日自述右邊肩膀肌肉痠痛，醫師開藥5天，復於2月1日再次看診開藥3天；並自述右手單手伏地挺身至右肩疼痛無法活動。」

「2013年2月5日15點15分，主管向衛生科反應通知學生凱凱有傷口需要換藥，藥師換藥時詢問傷口如何產生，凱凱自述自己抓的；傷口外觀呈現兩處約10元硬幣大小表面破皮但無流血，但破皮周圍有手掌般大小瘀青，擦優點時僅有表皮刺痛感。」

兩段陳述，顯見桃園少輔院方面意圖把凱凱受傷原因，導向運動傷害及抓癢感染造成。只是這些欲蓋彌彰的說詞，不但被法醫、學界推翻，甚至遭看不下去的自己人，兩位桃園少輔院管理人員打臉。

桃園少輔院指出，凱凱是單手伏地挺身造成的運動傷害。監委在約詢桃園少輔院管理員邢世煌時，他表示，單手伏地挺身真的很難，雙手都做不好，怎麼做單手？……後來官方說法說抓癢造成的，他個人認為太離譜。

另一名管理員關西和接受約詢時也表示，同意邢世煌所說，傷口不是伏地挺身造成，凱凱到三省園時就有瘀血，精神很不好。

兩位管理員因為第一次被約詢時，與長官一起，不方便說明白。但基於良心，第二次約詢，決定說真話。兩人在司法院公懲會，也做出同樣供述。

他們都表示，凱凱的傷不是因伏地挺身造成，並認為檢察官應該可以查出真正死因，沒想到檢方行政簽結。王美玉同樣懷疑死因不單純，且檢方若查不到傷是如何造成的？也應追究桃園少輔院有無延誤就醫？業務過失致人於死的刑責。

為了解凱凱死亡原因，生前為何會經常因挫傷就醫？一起調查的監委們諮詢臺大醫院復健部教授賴金鑫。他表示，挫傷是指鈍力性撞擊，人體若遭尖銳物加壓會破皮，這就不是挫傷；挫傷是內部、深層的傷，會有皮下血管破裂，即一般所謂的瘀血。

挫傷原因可能是：1、自己跌倒，2、被人撞倒，3、遭他人毆打，這可從挫傷位置判斷。舉例而言，伏地挺身運用到的肌肉是上臂二頭肌、三頭肌等，如果因為伏地挺身要傷到腋下右胸前，蠻困難的。

凱凱受傷部位，說是運動傷害，即伏地挺身導致挫傷，應該很罕見，雖然不是不可能，可是很少見。賴金鑫強調，無法理解的，是敗血性休克要有感染源，且要有外傷才會感染，如果沒有傷口，沒有侵入入口，就叫人不能理解怎麼會感染得這麼嚴重。

賴金鑫表示，如果凱凱是有人監看觀察，因資訊不足他不敢說一定救得回來；但送到醫院處於連續觀察的情境，至少醫生會積極找原因；如果只是居家照顧，沒有很好警覺性，只是陪病，等到發現狀況更差，就會來不及。

事實上，凱凱不只沒有得到照顧、沒有獲得積極醫療行為，他是連被送醫的機會都沒有。姑且不論傷是怎麼造成的，單憑當時的病況，凱凱就應立即送醫急救，桃園少輔院卻把他鎖在禁閉室內，一個人等死。

另外，根據法醫研究所２０１３年４月17日法醫理字第1020001475號函說明二指出，「1、此類右胸區為皮下挫傷併發蜂窩性組織炎，由表皮無明顯撕裂傷研判應為徒手毆打之機率較高且較常見。由皮膚後續蜂窩性發炎廣泛而均勻，且無抓傷之表皮疹塊傷勢，不支持為自行抓傷，亦不易因發癢而自撞。」

由此可清楚看出，法醫研究所方面認為，凱凱的傷，傾向為徒手毆打導致，且不可能是自行抓傷，同時，說明函中也指出，傷勢應該已達1周以上。

法醫蕭開平接受約詢時，提供了一張照片，是解剖時，從凱凱胸腔內，取出的一杯膿汁。蕭開平直言，看到那麼多膿汁，相當意外震驚。

無論是法醫研究所、學者、桃園少輔院的兩名管理員，都推翻。桃園少輔院指稱，凱凱傷勢來源是單手做伏地挺身，抓癢的說詞。桃園少輔院扯了一個彌天大謊，就得用另一個謊言來圓。他們涉嫌以長官權威，命屬下、學生聽令串供。

首先前訓導科長陳立中要求所屬人員，於接受桃園地檢署調查前後，應具體將應訊內容回報，有監控、統一說詞之嫌，過程中甚至涉嫌隱匿證據、串證。其次是向矯正署為不實之通報。

管理員邢世煌於監察院約詢時表示：「去地檢署說明的資料被要求寫出

來這件事情，我也覺得奇怪。有去地檢署的人都要寫，但其他人都是事後寫。……當時地檢署的傳票到了，但我沒收到，陳立中還到敏盛外醫的地方找我，要求我寫報告。他看到我的報告，他嚇一跳，他有去調錄影帶，然後問我，他自己是什麼時候講這個話，就是『外醫也讓你看了，X光也讓你照過了，你麥擱假鬼假怪（台語）』，我指著畫面告訴他，『科長你這個時間說的』當下他就無言。」

陳立中要求將前往桃園地檢署說明的屬下，刪除部分恐有疑慮的說詞。邢世煌說：「陳立中說他們（意指地檢署）調查的方向是凱凱怎麼死的，調查方向不是這個，要求我把那句話刪掉。」

另外，2013年2月4日下午凱凱在前往三省園途中從推車上翻下一事，監委檢視2013年3月31日陪同凱凱前往三省園的許姓學生談話紀錄：「途中於孝六班花圃前轉彎處，凱凱連同抱著的寢具滾下車，身體左側先著地，右側跟著翻過去，趴在馬路上後，凱凱立即爬起。」

賴姓學生談話紀錄：「2月4日下午在孝五班教室外導師桌旁邊，看見凱凱在孝六班花圃前馬路轉彎處滾下車。」

凱凱從推車上翻落，屬短暫連續動作，而兩名學生在3月31日接受訪談，距事件發生已近2個月，有印象凱凱曾跌下推車，還屬正常，但對凱凱是「自左側先翻落、右側跟著翻過」的細節，仍記憶猶新，且說詞一致，從「左」到「右」，此點令查案監委心生疑竇。

最讓人感到心酸、諷刺的，是凱凱的同班同學訪談紀錄，如出一轍，皆說無人欺負凱凱，口徑一致指稱，凱凱是伏地挺身造成的傷。

而凱凱過世後，桃園少輔院的重大事件通報傳真表，共通報矯正署12次，科長陳立中負責其中10次，通報內容對凱凱事件發生經過敘述均以：「三省園病房學生凱凱反應不要吃晚餐，為顧及其體力，於17點30分由同學餵食晚餐時，突然昏倒。經值班科員陳全益發現，通知衛生科護理師齊文玉診斷並實施急救，同時緊急送敏盛醫院急救，於19點09分經醫院宣告死亡。」

12次通報內容與事實過程不符，在監視器畫面曝光後，頓時現形。

凱凱阿嬤對凱凱的死自責又愧疚，她無心工作，專注地想找出凱凱真正死因，四處奔走，託人幫忙，本已不多的積蓄，即將用罄，放棄的念頭，一度浮現。

阿嬤堅持提告，桃園少輔院打了幾通電話給她，表達和解意願。桃園少輔院人員在電話中看似婉言相勸，實則仍不認錯，「大家對凱凱都很好，都很愛他，希望阿嬤不要再打官司，讓凱凱早點入土為安，否則一直放在冰庫裡，總是不舒服。」甚至強調，只要阿嬤肯和解，肯簽下和解書，就能拿到1百萬和解金。

1百萬，對當時的阿嬤來說，是一大筆錢，同時桃園少輔院講中了阿嬤的痛處，她不希望凱凱繼續待在冰櫃裡，又冷又凍的受苦，有了錢，可以辦後事，讓凱凱早點入土為安。

但凱凱死得實在太慘，夢中哭泣的臉龐，讓她無法拿錢了事，那是孫子的命啊！何況，如果桃園少輔院真自認沒有過失，為何急切地想和解？阿嬤認定桃園少輔院心虛，斷然拒絕，執意要等待司法調查結果。辦後事的費用，她咬牙也會想辦法籌出來。

凱凱走後8個多月，桃園少輔院打電話給阿嬤，要家屬去簽名，領取凱凱在桃園少輔院時的學生意外保險賠償金，金額正好是1百萬元。阿嬤突然想起，難不成先前桃園少輔院是想用保險理賠充作和解金，拐騙她和解？若非她當初執拗，豈不讓桃園少輔院得逞。

拖了8個多月，原因是已到了非要家屬簽名領錢的最後期限。不管桃園少輔院是否真想將理賠金當和解金，阿嬤慶幸凱凱在天之靈保佑她，並思及，桃園少輔院的所作所為，連大人都受不了，凱凱在裡頭待了1年7個月，過的是什麼樣的日子？

或許是官司的壓力，桃園少輔院在凱凱過世1年後，又向阿嬤提和解，在尤美女委員辦公室主任蔣月琴的陪同下，雙方見面協調。

只是詢問桃園少輔院為何一而再、再而三，急切地想和解時，桃園少輔院人員支吾其詞，說不出個所以然，卻老樣子，堅拒承認過失，讓蔣月琴當場動氣，雙方談不下去，不歡而散。

蔣月琴陪著凱凱阿嬤一路走過官司訴訟，兩人經常通電話，阿嬤每每講著、講著就哭了，有時還會叨叨絮絮地念著，凱凱沒有離開，感覺他一直在家裡看著自己。思念孫子的心情，表露無遺，也令蔣月琴不忍。

阿嬤到桃園少輔院會面時，最常對凱凱耳提面命的就是，不要去欺負別人，別人就不會欺負我們。凡事要忍耐，不要跟同學吵架。凱凱過世前1個月的會面，她嘮叨再次叮嚀，凱凱還回答，「我沒有欺負人，新來的人，我都很照顧他們！」

如今回想，她心疼，凱凱可能是為了不讓她擔心，故作堅強。當時她以為，孫子長大了，成熟了，學會在少輔院的生存之道，懂得為人著想，不讓人擔心。難道教凱凱別欺負人，要忍耐，錯了嗎？

第六章

桃園地檢署

法醫研究所的驗屍解剖報告、台大教授的說法，皆傾向凱凱死因是「他為」，挫傷為鈍力撞擊。但桃園地檢署偵辦多時後，以無從認定死者身上不明紅腫狀況確實係外力毆打造成，且經查無任何可疑施以外力毆打致死者重傷而生死亡結果之嫌疑人，家屬提出告訴亦未明確具體指摘申告之對象，是本件予以簽結。

凱凱，你看到了嗎？

2013年2月5日晚上，凱凱阿嬤抵達醫院時，凱凱已經是一具又冰又硬的遺體，穿著少輔院制服，人看起來乾淨、整齊。幸好阿嬤沒被悲傷淹沒，發現這平靜底下隱藏的凶狠。

阿嬤非要脫去這個她從小把屎、把尿長大的孫子上衣。當凱凱胸前大片的紫色瘀青血跡，在眾人眼前露出時，只有她震驚不已，一旁的院長林秋蘭及祕書不斷解釋，院內師長都很關心他的健康情況……。她一句都聽不進去，只反問：傷呢？怎麼來的？兩人語塞。

醫院的診斷證明書中，到院原因寫著「到院前心臟停止。（以下空白）」，過程也僅寫著「病患因上述原因於2013年2月5日17點57分被送至本院急診室急救，經急救後於同日19點09分宣告急救治療無效。（以下空白）」

「以下空白」幾個字，無法得知凱凱的死因，桃園少輔院更不會說。看著孩子死不瞑目的臉龐，阿嬤知道，只有解剖，才能找出真正死因。

阿嬤心如刀割，凱凱應是被這片瘀傷折磨到最後一刻，死後還得被解剖，忍受刀割的痛楚，但真相只有用藉著那把刀才能找到。她對著躺在冰櫃檯上的凱凱講，阿嬤知道你很痛，阿嬤也很痛，知道你不舒服，阿嬤也很不舒服，但凱凱和阿嬤一起再忍耐一次，一定要把真相找出來，阿嬤不會讓你白白死掉。

2013年的2月18日下午，凱凱遺體進行解剖，3月6日法務部法醫研究所的鑑定報告書出爐，鑑定結果：「右胸肩腋窩鈍挫致組織間瀰漫性發炎、右胸肋膜囊炎、膿胸、菌血症、十二指腸潰瘍、破裂、腹膜炎、最後因敗血性休克及呼吸衰竭死亡，死亡方式與右胸肩受傷有相關性，故研判疑為「他為」。【以下空白】」

凱凱的驗屍報告出爐，研判死因與右胸肩受傷有相關性，是「他為」所造成的傷；阿嬤認定，他為，就是他人所為，凱凱不是自殺，不會讓自己受那麼重的傷，不是桃園少輔院說的自己抓癢死的；他為，代表有人傷害凱凱，是誰呢？

在講求一個命令、一個動作，偏重矯正管理的少輔院，有沒有人打凱凱呢？假使有，是誰打傷導致凱凱死亡而能躲過刑罰？誰又能決定凱凱該不該戒護就醫？所有的解答，阿嬤寄望著桃園地檢署，未料，檢方最終因找不到誰打人，行政簽結全案。這樣的結果，連出事的桃園少輔院管理人員都無法置信。

所謂的「他為」，是指非屬自然死、自殺等原因而死亡，至於是否有須負刑事之人，必需要有人證、物證，才能論斷。

而根據桃園地檢署簽結文，說明項目一指出，從初步驗屍結果指出，凱凱死亡原因應係敗血症所致，又凱凱身上不明原因紅腫外傷，應為引發敗血症原因，該外傷顯係由某不詳之人以外力嚴重傷害後所造成之結果，該人顯涉有重傷害罪嫌，應予查明。表示桃園地檢署確曾認定凱凱的傷是有人加害，展開偵辦。

調查過程，桃園地檢署依解剖結果，死者右側胸、腋窩區挫傷併大片組織發炎、右側胸部肋膜囊炎、膿胸致敗血病休克死亡，另膿胸與敗血性休克過程，死者有免疫力抵抗力降低，致十二指腸潰瘍並沾黏腹膜，而致死亡前有破孔、腹膜炎之過程，另有腎絲球腎炎；發函詢問法醫研究所，造成上述挫傷原因及時間。

法醫研究所回覆為，右胸腋區為皮下挫傷併發蜂窩性組織炎，由表皮無明顯撕裂傷研判，應為徒手毆打機率較高且較常見。又右胸腋區挫傷必須經由長期紅腫導致續發性皮下組織發炎，再經皮下組織淋巴液等感染至右肋膜囊區發炎，再經肋膜囊發炎造成肋膜囊之壁層感染至肋膜囊腔並產生膿胸，可因體質抵抗力強弱與健康情況，而有極大差距，一般經驗法則可在1周以上。

桃園地檢署同時將凱凱生前就診病歷紀錄等資料，函詢法醫研究所，該紅腫形成有無因其他疾病所致之可能。

回覆內容為：死者生前曾經診斷有關節囊炎、肌腱關節囊炎、毛囊炎等病史，又在2013年2月5日有自行搔癢情形，研判此時已有皮下發炎達蜂窩性組織炎之程度，若可排除遭外力毆打情形，以2013年2月2日扭傷造成關節囊炎、肌腱關節囊炎，可視為運動傷害併同皮膚炎而蜂窩性組織炎，致細菌發炎經皮下組織浸患至右肋膜囊腔造成膿胸，敗血性休克為主要致命原因。

桃園地檢署憑著法醫研究所的回覆認為，法醫研究所雖然研判外力毆打情形較常見，但參酌死者生前病歷資料，認定無法排除生前皮膚發炎舊疾併同運動傷害。

加之證人蕭開平法醫證稱，蜂窩性組織炎的外觀呈現丹紅色，與挫傷外觀相近，惟蜂窩性組織炎另會引發患者搔癢症狀。因此，究竟是否確遭外力攻擊所致，抑或是本身皮膚病併同運動傷害造成蜂窩性組織炎，則無從確認。

簽結文件中指出，凱凱生前於2013年2月2日最後一次戒護外醫，是因左肩疼痛（事實上凱凱是右肩疼痛，檢方簽結文竟誤植為左肩），而看診醫師安排凱凱照X光，但沒有看到有外傷情況。

此外，邱姓院生表示，「我從2013年初坐在凱凱旁邊時，有印象凱凱去醫務室看過二、三次醫生，看完醫生回來後說手痛，但沒有說有人打他。上課時有不小心碰到凱凱的手，他就會說很痛，也沒有說是何原因造成，我猜是做伏地挺身，因為我們無聊都會在院內做伏地挺身，凱凱有用單手做，我們都會正常用兩手做。」

胡姓學生則指出，「我於2月1日、2月2日睡在凱凱的旁邊，因為凱凱不舒服，不能從上鋪爬下來，我還有幫凱凱摺棉被，在睡我隔壁之前，凱凱有找我做體能過，沒有說過被人欺負等語。」

再者，劉姓學生表示，「我跟凱凱沒有很熟，2013年1月底時，因凱凱跟老師反應他不舒服，老師才派我去照顧他。凱凱在院內沒有好朋友，我只是被指派照顧他，別人以為我們很好。2月1日時我陪凱凱去洗澡，當時他有表示不舒服，我有幫忙沖水，但他身上沒有任何紅腫或瘀青。我認為凱凱是因為單手作伏地挺身才會受傷。」

檢方認為，凱凱生前於2013年2月2日最後一次戒護外醫無任何遭外力毆打所致之挫傷，證人等均證稱生前有運動受傷過，再加上生前有皮膚舊疾等，不一定是外力所致，也可能是單手伏地挺身造成的運動傷害。

加之檢方調閱桃園少輔院7天的監視器畫面。其中2天是凱凱被送進三省園，死前的全程畫面。

2013年2月4日的下午4點55分看到，凱凱正面將上衣拉至胸部，胸部及腋下未發現異常；同天晚上11點多，凱凱裸身側躺，右腋下方有一片陰影，但翻身後又疑似是角度陰影。

2月5日的凌晨2點多，凱凱全身赤裸，在床上身體側翻未發現異狀；到了下午3點多，2名同學凱凱從廁所扶出，凱凱右側腋下至腰部出現大片瘀紅等。

根據監視器畫面，檢方指出，死者於病舍期間24小時均有監視器拍攝，過程中並未有任何外力侵害之情形，是該紅腫情形顯非當日因他人外力所導致，況若死者身上傷勢確因外力毆打所致之挫傷，依照一般挫傷形成之時間，亦顯不可能於2月4日入住病舍前遭毆打，而遲至1天以上之時間才出現挫傷瘀紅情況。

另凱凱阿嬤始終未具體指出嫌疑人是誰，桃園地檢署認為，因無從認定凱凱身上不明紅腫狀況，確實係外力毆打而造成，且經查並無任何可疑施以外力毆打致死者重傷而生死亡結果之嫌疑人，簽結此案。

凱凱痛苦至死的監視器畫面、胸前大片瘀血、法醫驗屍報告中的「他為」二字，一個少年無端亡故對檢方而言，似乎輕如鴻毛，查不到嫌疑人，大筆一揮，行政簽結。若非監察院介入，桃園地檢署如此忽視人命，將永遠無人知曉。

檢察官追查凱凱死亡原因，拘泥於7天的監視器畫面，偏聽部分證人說詞，更指家屬僅控訴凱凱遭人暴力虐待，因此才在找不到嫌疑人的情況下簽結案子。那麼有無人員業務過失致死呢？

「檢察機關辦理刑事訴訟案件應行注意事項」第97點：檢察官偵查案

件，……，應以一切方法為必要之調查，遇有犯罪嫌疑人未明者，仍應設法偵查。關於犯罪相關地點、……，並被害人之身分、職業、家庭、交際或其他關係，均可為偵查線索，應隨時注意之。」

敢問桃園地檢署，有確實做到嗎？

首先，法醫蕭開平在監察院約詢時表示，凱凱情形已是末期，相信就醫時，可能連基本檢查都沒有，「他為」是指凱凱可能連送醫過程都出了問題，「他為」有特定及非特定疏忽，寫這樣是要告訴機關要注意。他本人傾向毆打、挫傷而未就醫，受傷後自手臂到肺，是一連串漫延的過程，有相關性。

檢察官卻表示，沒聽過蕭法醫這樣說過。一開始醫院為何未留置，當時究竟是否有業務過傷或致死，不知家屬對這部分現有何意見？

第二，2013年1月8日凱凱至桃園少輔院衛生科就診，醫師開立高劑量的抑制過動藥物28天份，囑咐他須長期服用。而2月2日因肌肉拉傷戒護外醫時，骨科醫師開給凱凱肌肉鬆弛劑，照肩部X光。

抑制過動藥物副作用是嗜睡，高劑量應在病歷上紀錄，而與肌肉鬆弛劑併服，按蕭開平、賴金鑫說法，可能更易打瞌睡及跌倒，一般會懷疑，後來開肌肉鬆弛劑的醫師，可能不知凱凱長期服用過動藥物。

另外，蕭開平研判，凱凱自受傷後，自手臂到肺，是一連串漫延的過程，有相關性。……至少已累積1個星期的膿。理論上2月2日戒護就醫時，凱凱會呼吸困難、發燒，那時應該沒有照肺部X光，照X光會看得出來，……當天讓凱凱住院會比較好。

該名骨科醫師恐違反醫師執行業務應注意而未注意之義務。檢方查了嗎？沒有。

第三，管理員關西和、藥師何安杰均曾在事發當日建議前訓導科長陳立中把凱凱戒護送醫；陳立中在案發後，要求所屬人員於接受地檢署調查前後，具體回報資訊，監控並統一對外說詞；另向矯正署通報不實，凡此種種，桃園地檢署當然不知。

因為兩名向監察院坦白一切的管理員關西和、邢世煌未向檢方提及。邢世煌表示，檢察官問10分鐘就結束，加上都是檢察官在主導，他們沒辦法完全陳述，所以也沒講陳立中的事。

第四，檢察官訊問凱凱的導師廖老師、蔡老師、徐老師3名證人，3人表示，沒聽過死者生前曾透露遭人欺負，況且少輔院基於管理戒護需求，於院區數處設有監視器，又學生活動之範圍，下課活動僅在走廊、教室，上洗手間也需分批集體前往，並有人於旁監督。

他們對凱凱身上挫傷有直接和間接的監督責任，基於保護自己，證詞可信度如何？

以誠正中學黃姓學生被集體動用私刑打到送醫拔掉腳趾甲為例，黃姓被打時間長達5小時，有監視器，也有管理員，但人和監視器都沒有看見集體霸凌、私刑。

與凱凱同班的學生也是該3名導師管理，學生敢說出真相嗎？一旦說出真相，在少輔院的日子能過下去嗎？會不會成為第二個凱凱？

第五，吳姓學生指出，「平常下課時我們都會在教室內，如果要到教室外其他地方，幾乎要全班一起行動，不會有單獨行動，吃飯洗澡上課睡覺也都一起行動。」

劉姓學生則表示，「院內會有自由活動期間，是下午3點到4點，但限定活動區域在籃球場，就我所知凱凱在少輔院內，因為太吵影響班上福利，所以大家跟凱凱沒有什麼交集，頂多幹部會故意點凱凱去找老師，但學生在院內動手打人是不可能的，因為大家都在拚出去的分數。」

劉姓學生所謂的「點」凱凱是什麼意思？檢方未追根究底，即判定，「死者如確遭人毆打，衡情少輔院內不可能全無任何老師、同學知悉，又死者生前頻繁就醫過程，所接觸之醫護人員亦不可能均未有何相關聽聞。」

第六，檢方在偵辦過程，只問事發前1周至死亡當日，對於凱凱在桃園少輔院期間因何就醫達96次？未予以詳查，就連桃園少輔院原先提供錯誤的97次就醫次數，也照單全收。直到監察院約詢，才從監委口中得知，2013年2月4日凱凱根本沒看醫生，是桃園少輔院藥師誤登。

第七、檢察官從頭至尾皆未發現監視器中的病舍，不是病舍，是隔離、獨居的禁閉室。

牽一髮動全身，任何蛛絲馬跡，都可能是查知真相的關鍵點，桃園地檢署這也不知，那也沒查，還非要不懂法律的家屬指出個嫌疑人，當擋箭牌，讓人不禁想問，國家設置地檢署何用？

阿嬤雖窮，凱凱何辜，他們都是老百姓，檢察官食國家俸祿，難道不覺忝居其位？

全案經監察院提出調查報告後，桃園地檢署才終於對有無業務過失啟動調查。

第七章

其他孩子

誰在年少時沒有犯過錯？大部分人在親人的陪伴支持下，獲得原諒，但有些無依無靠的孩子，他們犯了錯得自己扛，因此進了少輔院。當他們為自己的過錯負起責任時，少輔院的職責是輔導他們，找回自我與信心；如果不是真心的去輔導孩子，那麼也不該欺凌他們。

凱凱究竟怎麼受傷？真相能不能還原？背後該由誰負責？檢方已重啟調查，這是第五屆監察院就人命關天的案子，要求檢察總長顏大和重啟調查的第一個案子。

凱凱事件掀開的，是台灣收容未成年孩子的少輔院，因為經費、人力不足、教師缺乏專業教育經驗的情況下，暗藏的各種問題。

每當外賓參訪少輔院，看到的絕對是正向光彩的一面，彰化少輔院的宣導片，拍得如此快樂、陽光。但少輔院內，更多的是陽光照不到的陰暗角落。

長年被關在獨居房的少年、被黑狗棒打到腳底烏青，無法走路的少年、天天被餵食鎮定劑或安眠藥的少年、日正當中或整夜被銬在曬衣場的少年；他們都在少輔院內，真實的存在，被不當體罰，甚至凌虐。

裁定進少輔院的孩子，或許很壞，很難管教，但把他們送進少輔院，就是要幫他們矯正不良行為，讓他們找到正確的行為規範，展開新的人生。

但為遷就預算不足，感化教育只做半套，弊病叢生，悲劇不斷上演。政府該深思，錢與孩子的人權、受教權，孰輕孰重！

個案1：曬豬肉

地點：彰化少輔院

2014年8月28日晚上7點10分，考核班5班的學生，因不滿遭執勤管理人員糾正，雙方起口角衝突。學生不滿，不停叫囂，吵鬧聲引起其他房的學生騷動，房舍鬧成一片。

緊接著有學生猛踢舍房門，破壞房舍地板、瞻視孔及鎖頭等等，甚至撕毀書本，開始當晚的集體鬧房事件。當時，彰少輔的夜勤備勤人員僅4人，加上替代役男共約10人，緊急處理鬧房事件。

根據彰少輔向監察院提出的報告指出，事發後，先將無攻擊傾向的學生帶出舍房，約7名學生暫時銬於戶外曬衣場的不鏽鋼架。接著將揚言要攻擊管教人員的5名學生帶出房舍時，因該房學生持木條對峙，同時門鎖已遭破壞無法開啟，之後，立刻緊急連絡鎖匠，最終以電鋸破壞鎖頭後，終於在晚間8點多將滋事的學生逐一帶出舍房。

不料廣場學生與房舍的學生相互串聯，一同叫囂，再將串聯的學生帶出，並分散安置院區，才讓叫囂情況停止。

當晚參與學生共22人，從下午7點多，分批將學生用手銬銬在外面曬衣場，至隔天上午8點左右陸續解銬。將近13個小時，學生沒吃、沒喝，有人整夜站著，因為曬衣場欄杆高約150公分，就看被銬在哪裡，無法上廁所，有人忍不住直接便溺在褲子裡，有人受不了站著睡覺，這就是彰少輔院生最害怕的處罰方式之一：曬豬肉。

監委調查發現，「曬豬肉」在彰少輔不只針對「828」鬧房事件，似乎是經常性會對學生進行的處罰方式；以該次鬧房事件後，這些少年每天仍得帶著手銬，接受上、下午的操練持續約2周，嚴重罔顧少年基本人權。

此外，2014年6月28日、7月9、10、11、14日，也都曾以「曬豬肉」方式，對違規學生，施以手銬、腳鐐等戒具，長時間銬在戶外曬衣場，有時還會用棍子毒打大腿懲罰。

「曬豬肉」不人道之處在於，把人銬在曬衣場，烈日下，全無遮蔽物，猶如曬肉乾。太陽高掛、缺水、坐也不是，站也不能的情況下，曝曬一整個下午。

其實，彰少輔這種作法，早已違反「法務部矯正署所屬矯正機關施用戒具要點」。根據該要點的第五點：施用戒具應由矯正人員填寫「施用戒具報告表」，載明施用事由及施用戒具之種類、數量，由相關人員核章並簽註具體意見，陳送機關長官核可後實施。

但緊急時，指下列各款情形：（一）辦理新收作業時。（二）未開封期間提帶收容人時。（三）收容人已著手實施自殺、脫逃（逃亡）、暴行或擾亂秩序時。

緊急施用戒具之原因消滅後，應立即解除，期間最長不得逾4小時。如有繼續施用之必要，應另填施用戒具報告表，由機關長官核可後實施。

其中，施用時間，彰少輔更是嚴重違規。這種超時狀況，除了影響青少年的身體，也對其自尊有極大傷害。

違反使用戒具規定外，登載戒具紀錄簿上，施行時間從8月28日21點30分，解除時間8月29日8點10分，明顯與事實不符。

彰少輔在「828」鬧房事件曬豬肉事件發生後，院長詹益鵬對監察院搖房事件之歷次說明反覆，顯有隱匿、卸責之嫌。

２０１５年１月26日，詹益鵬表示，「吊掛在曬衣場是去年的匿名事件……提帶出來約12名少年，處理時間到凌晨，故有2個銬在曬衣場。沒有吊掛，只是暫時銬在那裡。上手銬是不得已的預防性的措施。」

２０１５年１月28日提出的書面說明資料指出：「先暫時銬於戶外曬衣不鏽鋼架，約高１５０公分；共計21名學生參與……，將學生帶出後，涉案學生群聚戶外後，又開始騷動聯結，並不斷出言挑戰管教人員，場面難以控制，本院為恐事態擴大，迫於情勢認為必須打散，故將學生暫時限制其行動自由於院區內各處教室廊下，依物理環境空間，或站或坐。」

２０１５年５月１日約詢口頭說明：「……只有7名學生暫時銬在曬衣場。……隔日上午8時10分陸續解銬，但紀錄都是寫到隔日上午8時10分解銬，……約10個小時。」

「我確認過棚子，是有屋簷的，不是銬在高的欄杆，非吊掛。有遮雨棚的曬衣場高於１５０公分。我確定是銬在橫桿，孩子坐在花台上過夜。」

「２０１４年８月28日只有7個人，銬在１５０公分（沒有採光罩）的地方，另有學生銬在有遮雨棚的小杆，孩子可以坐著。技訓區的部分是用雙手銬著，無法坐下，計4名學生，陸續銬9至10小時。4至5個學生銬在技訓區，無法坐著。」

從詹益鵬多次的說明來看，身為院長的他，每次向監察院的說明就像擠牙膏，一次一點，還不一致。連他給矯正署的報告，也和在監察院的陳述內容不同；另外，戒具使用時的記載也不同。顯示彰化少輔院除了便宜行事，使用戒具嚴重失當，意圖卸責。

根據監察院的調查「828」鬧房事件當晚，彰少輔一方面以情況緊急，把學生銬在曬衣場13小時，卻未以重大事件向矯正署求援，也未向警方求援，自己關起門處分，處理程序違反矯正署規定。離譜的是當晚詹益鵬不在院內，他是第二天早上才回到少輔院。

個案2：體能訓練
地點：彰化少輔院

「體能訓練」是彰少輔對學生的體罰方式之一。監察院的調查報告指出：

「違規學生表示，犯錯就做伏地挺身、仰臥起坐，50至100而已，也有青蛙跳。」

曾經有學生昏倒，或因「橫紋肌溶解症」而戒護外醫等情況，顯示學生被處以體能訓練做為處罰的情形極為嚴重。

監察院的調查資料顯示，彰少輔院從2012年10月到2014年7月，就有14件戒護外醫的個案，主要訴求問題就是「橫紋肌溶解症」。

另外，依據該院學生學行暨輔導紀錄表顯示，學生的「體能訓練」的確是處罰方式之一，如：

1、陳生：「11月17日陳生本月有參與舍房鬧房行為，遭到扣分及體能訓練之體罰，告誡其今後切勿再犯……。」

2、莊生：「8月16日時因企圖竊取衣服，行為不端，予以延後1個月，並做體能訓練，以示懲戒。」

3、徐生：「該生6月11日因隔房喊話及6月16日與戴姓學生口角，分別予以扣分及基本訓練，告知應遵守院規……7月26日於舍房大聲講話且言辭中有不禮貌情形，除扣分外，亦需接受7次體能訓練，告誡應自我要求……。」

4、江生：「8月5日與同房邱姓學生口角進而毆打，除扣操行0・4分及出操5次處罰外，訓誡該生再有欺弱凌新行為，將不再寬待。」

5、簡生，2014年1月29日紀錄：「該生若再不知改變，將會受到院規嚴厲的處罰……分別於1月5日、15日、27日因違反舍房規定而被扣分及施以體能訓練，告誡要確實作到自律……。」

少輔院當初訂定體適能活動，目的在於，每日儘量分梯輪流讓學生於廣場活動，施予體適能課程（伏地挺身100下，仰臥起坐100下）及禮儀訓練（立正、稍息、敬禮、原地間轉法），使學生能鍛練身心、維持健康、強化體格、發洩過盛精力，並習得基本禮儀。避免長時間停留於房舍內，保持身心健康發展。

當初訂定體適能活動目的，是讓學生達到身心健康，體能訓練多久，應由專業體適能專家訂定。如今變相為處罰，且幾近凌虐。

個案3：獨居房
主角：蔡姓、陳姓學生
地點：彰化少輔院

在少輔院都有所謂的獨居房設置，就是考核房。這是一種被視為「預防性隔離」措施，將違規學生與一般學生區隔，使其不受違規事件影響，並防止串聯及其他不當情況發生。

考核房通常看空間大小，有4人1間或6人1間，但也有特殊的獨居房。學生關進獨居房，就是一個人在一個狹小的房間，不能去上課，關禁閉。違規學生在考核房或獨居房，除了不能去上課，通常是面壁靜坐、讀經，希望他們藉此冷靜思過。

按少年輔育院條例第43條規定：「在院學生應斟酌情形以分類離居。但有違反團體生活紀律之情事而情形嚴重者，經院長核定，得以獨居（第1項）。前項獨居之期間，每次不得逾7日（第2項）。

彰少輔蔡姓學生陸續進出考核房監禁閉，自2013年11月8日至

2014年9月22日止延長考核，考核禁閉期間共10月15日。」還被分別關禁閉獨居處分期間達10天、12天。蔡生因此向所屬法院少年保護官表示，極度害怕獨居，故每每於隔離獨居期間情緒不穩，而有自殘行為。

彰少輔另一名陳姓學生，因與友人撿拾石頭砸毀8部車輛擋風玻璃，行竊車內的硬幣約400多元，及竊取機車，遭警方查獲。

由於陳生的家庭功能不佳，父母親分居兩地，父親有前科紀錄，長期在台北工作，僅對陳姓少年有口頭規勸，且過往紀錄，對少年產生影響。

陳母雖是主要管教者，但管教態度不當，有較多的否定，溝通互動不足，為此高雄家事法庭判其入少輔院接受感化教育。

2012年12月陳生進入彰少輔。入院前健康情況普通，智力等級普通，精神無狀況無病史紀錄。

約莫半年後，陳生開始被禁閉在考核房，且時間長達17個月，精神受折磨，近乎凌虐，在考核房內無機會接受教育，形同剝奪他的受教權，少輔院戒護管理人員缺乏對特殊及身心障礙學生的輔導專業，陳生長期被轉介衛生科就診。

陳生被關17個月，其間曾告訴法院保護官有幻聽幻覺，擔心有人要陷害他，疑似身心受傷，2013年11月，安排身心科就診時，被診斷為：重度社會化行為障礙及注意力不足。這個案例顯示，一個原本正常的少年，被收容在少輔院，1年多後竟成了「重度社會化行為障礙及注意力不足」，令人心痛。

個案4：管理員視而不見，院內同學集體霸凌

主角：黃姓少年

地點：誠正中學

黃姓少年，因生父對母親家暴，雙方離異，母親再婚後，他與母親、繼父及5位繼妹同住。因繼父為工廠助理工程師、母親家管，小孩均年幼或就學，全家列為低收入戶。

2013年8月他因逃學、逃家虞犯案件進入司法調查，調查期間，又與3名共犯於2013年11月底，偷竊約新台幣9萬元，被警方查獲。

由於犯下多起竊盜案件，且不斷逃學、逃家，法官裁定將他收容於矯正署新竹少年觀護所，一度安置在一處希望之家，2014年3月結束機構安置返家並就學，但一星期後，再度逃家，又涉及多起的竊盜案件。

為此，地院考量黃姓少年的母親當時懷孕，即將生產，並數度致電向該院表明無力管教，希望他能接受感化教育，於是2014年5月裁定，進入誠正中學執行，執行預定期滿為2017年4月。

黃姓少年進入誠正中學，編入汽車修護技訓班，該班同學共26人，其中違反毒品防制條例15人、竊盜罪6人、公共危險罪1人，妨害性自主罪1人。

黃姓少年編入班級後未能完全適應，曾主動向教導員表示，同學指使他做違規之事。此舉被其他學生認為是「抓耙子」行為，開始遭集體霸凌。

2014年8月16日晚上，同房同學因衣服沒乾，把衣服晾在床邊，遭主管糾正，黃姓少年被要求幫大家把衣服收回去，因一時收得太快，把蔡姓同學的衣服弄掉在地上，蔡姓同學即出手毆打，一把抓住其脖子後，就往牆上撞。

2014年8月19日夜間6點自習時間，黃姓少年不小心把陳姓同學的眼鏡弄掉在地板上，沒有壞掉，也有道歉，但對方仍舊不滿，以衣架夾黃姓少年的手指，夾到紅腫。

2014年8月31日晚上7點半，陳姓同學不滿黃姓少年誤把他的香皂掉至馬桶內，唆使余姓、陳姓、羅姓3名同學，一起毆打黃姓少年，造成其胸部及腿部瘀傷。

2014年9月13日，陳姓等9名學生，不滿黃姓少年在9月11日出庭時，向法官報告在舍房內曾受欺凌，開始對他集體私刑霸凌。

9名學生從上午11點到下午3點多，陸續對黃姓少年施暴多次。包括毆打肚子、頭部；把黃姓少年的頭塞進床底下後狠踹；將黃姓少年的手放進床板下後，學生再坐上去，強壓手指頭；以原子筆刺破黃姓少年的手指、腳趾頭。

眾人霸凌期間，黃姓少年一度躲進床底下，仍被拖出來狠扁，並有人在門口把風，之後再將黃姓少年的衣服脫掉，檢查傷勢，以規避管理員發現。

遭圍毆霸凌時，黃姓少年曾兩度大聲呼救，但學校說管理員沒聽見。

直到隔天下午4點多，教導員戒護學生出舍房洗澡時，發現黃姓少年神色有異，身上有多處不明外傷，才得知他被嚴重毆打。

事後黃姓少年戒護外醫，傷勢嚴重，包括「頭部外傷併頭皮皮下血腫，2X2 公分，臉部擦傷，2X1，3X1 公分，下唇擦傷 2X1 公分，多處挫瘀傷，軀幹前胸腹部磨損或擦傷，共６％，左後背瘀傷 5X5 公分，右肘前臂挫瘀傷共２％，左肘前臂挫瘀傷共３％，雙腹股部挫傷各約１％，雙小腿及踝多處挫瘀傷，共約４％，雙足十趾指甲多處磨損或擦傷併感染，雙足底擦傷併感 2X1 公分，1X1 公分。」

隔天黃姓少年因胸部、腹部等處疼痛，再度戒送醫院後，發現肋骨裂傷，腳趾頭因受銳器刺傷而化膿，須住院治療外，還得拔除指甲。

黃姓少年進入誠正中學，即長期遭同學霸凌，校方卻堅稱不知情，甚至不曾有過黃姓少年的陳情案件，究竟是隱瞞？或故意不理？才會讓黃姓少年試著向法官報告在學校被欺負，回學校後，反而招致嚴重私刑。這起霸凌事件，誠正中學校長被記過，並被監察院糾正。

調查發現，誠正中學裡學生間的欺凌事件非常嚴重，包括如下：

１、２０１２年11月15日廖生指使李生對戴生毆打，另林生對戴生拗手腕。

2、2013年2月26日嚴生因拍打廢棄床板，經蔡生制止卻不予理會，蔡生即抓傷嚴生脖子。

3、2013年5月11日，林生遭高生、張生、黃生、林生等人多次毆打，後因右眼被打到看不見才戒送外醫。

4、2013年6月27日收封後在舍房內監視器看不見的角落，沈生遭同房同學用水灌耳朵、鼻子，並以吸管用鼻子吸水，並毆打。6月29日將菜渣集中在盆中，威脅沈生吃下，因沈生受不了事件才爆發。

5、另外，有多起的性霸凌案件發生。

誠正中學霸凌事件頻傳，顯示校方在舍房管理上，鬆散疏忽，只是這背後的鬆散疏忽，是否有故意放縱？

凱凱一身的傷，被關在禁閉室等死，彰少輔的曬豬肉、體能訓練、獨居房，誠正中學的霸凌、私刑，這些情形是不是感化教育機構內見不得人，而且是習以為常的祕密與陰暗面呢？

第二部

誰會記得我

[調查日誌]

第一章

少輔院
圍牆內的悲鳴

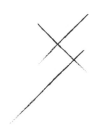

2014 年 12 月 25 日看到壹周刊這麼寫著：「他的死，有如一片悄然落地的黃葉，又被掃乾淨了。」令我動容決定自動調查。

我仔細讀了媒體對買生的報導，對這個苦命的孩子有粗略的印象。

買生：16歲少年，因為偷竊被判送到桃園少年輔育院接受感化教育三年，一年半後某天他被戒護送醫，三天後在少輔院內的隔離、禁閉室內死亡。醫生診斷病歷記載從風濕性多肌痛、扭傷拉傷、到死亡當天發現右腋下有兩處10元硬幣大的傷口，原因是單手做伏地挺身造成運動傷害，也不排除是抓癢致死。法醫驗屍報告寫的是右側胸、腋窩區挫傷併大片組織發炎、膿胸致敗血性休克死亡。

買生的一生很孤苦、淒慘。媽媽是受刑人，在監獄生下他，被迫陪媽媽在監獄中度日子，也曾經被送到育幼院，再由阿嬤、阿祖輪流接回去撫養，媒體形容他的死，有如一片悄然落地的黃葉，又被掃乾淨了。

死亡時一身的傷，讓家屬懷疑他的死因，但是檢察官以無法確定是來自外力毆打，也查無可疑的嫌犯，簽結他的離奇死亡。換言之，他真的是桃園少輔院所說的是自己做單手伏地挺身受傷、或抓癢感染喪命？桃園少輔院面對質疑說不清楚，家屬更難相信。

這個孩子到桃園少年輔育院一年半，院方強調7次健康檢查都沒有發現身體有瘀青、外傷。但是他就醫紀錄高達96次（少輔院內有醫生輪值看診，買生因為過動，固定就醫拿精神科處方藥物，這種看精神科吃鎮定劑的就診情形在桃園、彰化兩所少輔院內十分普遍），他曾經在看病時情緒激動堅持不回班上，被視為是態度極差的違規行為，但不知道他為何情緒激動不回班上？

從他就醫紀錄被診斷有過動症、輕度智能不足、自殘、氣喘、心臟肌肉神經炎、輕度二尖瓣脫垂、心律不整。顯見他的健康是令人擔憂的。

買生一身是傷，死在禁閉室裡，檢察官訪談他死亡前曾經接觸過他的同學、老師、戒護人員，查不到任何可疑的涉案之人，除非家屬有任何新事證，否則就行政簽結了事，問題是孩子被收容在少輔院，阿嬤、媽媽分別被通知趕到醫院時已經死亡，看到孩子身上大片瘀青和傷口差點昏倒，桃園少輔院的主管告訴她們，死亡是因為抓癢導致感染，她們不敢相信眼前看到的景象，到底孩子生前發生什麼事？身上的傷怎麼來的？去哪裡找新事證？

這個案子我和另外三位監察委員林雅鋒、孫大川、蔡培村申請自動調查。從調閱來的相關卷宗內容愈看愈難過，檢察官顯然只就買生死亡前幾天，有沒有被打？分別調查約談他的同學、老師，從證人證詞可以發現，可能已經完成串供，是一個草率的行政簽結。

初步看完相關資料，對於案情我有幾個疑問：

一、買生2011年6月進入桃園少輔院時是164.1公分，47.1公斤。2013年2月死亡時是179公分，40公斤。2012年9月3日體檢時，175.2公分，50.8公斤，2012年12月體檢時176.3公分，但是有56.2公斤。顯然，如果不是體檢不確實，隨便登記，就是他的確遭受不當的對待，否則何以死亡時只剩下40公斤？

二、根據檢察官行政簽結內容，沒有任何體溫紀錄。一般來說，如果是蜂窩性組織炎，應該會發燒。但是相關的報告中，看不到體溫紀錄。檢察官的簽結內容是片面接受少輔院的說法，認為是單手做伏地挺身造成的運動傷害加上皮膚炎，可能導致蜂窩性組織炎、敗血症而死。

三、檢察官雖然認為可能是做伏地挺身造成的運動傷害致死，但是卻只調查是否被毆打致死，沒有調查是否因為運動傷害致死。至於有無被毆打？檢方自己也不敢確定，那麼是否因為運動傷害致死？則完全沒有調查！就片面認定被約談的同學用猜的指出「可能是單手做伏地挺身受傷！」的說法。

我的疑問是即使是運動傷害也有兩種：一種是體罰性的運動，就像洪仲丘一樣，被命令做運動，操到倒地不起。一種是買生調皮自己做運動、單手做伏地挺身導致運動傷害，如果是後者，少輔院怎麼會講不清楚？

另外，買生一個人孤單的死在禁閉室內，戒護人員、管理人員有沒有業務過失？也完全沒有調查，只調查是被誰毆打？結果是查不到有人打他。

四、買生是到院前死亡。

根據桃園少輔院提供的資料：

2013年1月30日，早上他因為右肩疼痛在衛生科看診，開藥5天。

2月1日再看診，自述右手做單手伏地挺身疼痛無法活動，開藥3天，當天在教室曾經嘔吐，有吃胃藥。上課坐輪椅，早上因為不舒服，在地鋪睡覺。

2月2日仍然不舒服，到敏盛醫院就醫，X光正常，診斷右肩肌腱炎，告訴醫生，肩膀疼痛超過6天，開藥7天。上課坐在導師桌旁休息，由同學幫忙洗澡。

2月3日老師問買生，仍然表示運動傷害，右肩疼痛。

2月4日買生精神不佳，未進教室，一直坐在樓梯口，請兩位同學幫他按摩背部，擦藥。下午因為擔心他的病況影響同學上課，決定把他送進病舍（其實不是病舍，而是獨居、隔離的禁閉室）。送往病舍途中，買生還連人帶寢具跌下推車，同學形容他是身體左側先著地，右側跟著翻過去，趴在馬路上後，立刻爬起。

這個紀錄很誇張，主要是說明買生右肩疼痛已經好幾天，所以同學們記得很清楚他跌倒時的連續動作與姿勢，是左側先著地，強調右肩不是後來跌倒致傷。

2月5日凌晨買生赤裸睡覺。原因是衣褲弄濕。早上8點交接人員告訴買生，右臂下方有瘀血，並安排看醫生，接著導師帶公差學生來看他，並再問他是否被打？買生說前一天在餐廳外階梯跌倒，跌兩次均由同一個同學扶起。

早上9點買生還自己走路到衛生科看病，沒有異狀。開精神科的藥。但是回來時是坐輪椅到門口再走入禁閉室裡。

中午12點買生只吃一兩口飯。

14點54分看見買生內衣有血漬，右腹有2處傷口。

15點15分藥師入進房。

16點測量血壓體溫35．5。
17點15分晚餐送到，提供買生棉花吸吮水，並派學生餵食。
17點29分買生兩眼無神、嗜睡。
17點31分藥師通知就醫。
17點33分開始CPR。
17點52分救護車到。
17點57分送到敏盛醫院（醫院強調到院前死亡）急救。
19點09分醫師宣布急救無效，宣告不治。

從少輔院到醫院只有5～6分鐘的車程，但到院前已死亡，顯然孩子有被延誤就醫。

2014／12／26　要不要到矯正署調卷？

今天和兩位調查委員討論買生案、誠正中學黃生被凌虐案以及如何協助少年輔育院轉型為矯正學校，讓接受感化教育的少年有自新、再受教育重返社會的機會，不要再發生像買生的死亡悲劇、黃生遭受凌虐之苦。

這幾個案子，我們一起調查，也分別到桃園少輔院、彰化少輔院、誠正中學調卷。根據接受我們諮詢、站在第一線和接受感化教育的孩子接觸的專業人員指出，連他們都很掙扎要不要講出孩子在感化機構中遭受凌虐的真話，因為他們很擔心，如果說出真話，又不能改善感化教育機構的偏差的管教行為，反而可能讓孩子在感化機構遭到嚴重的報復。

買生的死亡、黃生被私刑霸凌，主管機關矯正署都沒有做行政調查、處分。監察院先去函矯正署要求說明，回來的公文非常制式，等於白問。我提出要求，直接讓兩位調查祕書持調查證到矯正署查扣卷宗，獲得兩位委員的支持決定直接去扣卷。

2015／12／31 立委尤美女協助

元旦假期前和立法委員尤美女辦公室連繫，希望就本案向她請教。因為這個案件引起關注是她一年前舉行記者會揭發，一年來，查無下文，她鍥而不捨再協同家屬舉行記者會指出，案發時接觸到買生的9位相關人員，檢察官都沒有調查，她認為案情可能不單純。

尤委員的記者會，中國時報在第二天的社會版做頭題。標題是「少年抓癢致死？」死因簡直是匪夷所思。真的是慘不忍睹的悲劇。我決定和尤美女委員連絡，她是人權律師，追蹤這個案子有一段時間，希望能和她交換意見、釐清案情，以協助全案的調查能有突破。

元月6日她的辦公室回電，我和尤美女委員通電話，表達我對這個案子的重視，尤其對一個來自弱勢家庭的孩子，即使犯了過錯，都不應遭受這樣對待和處遇，完全背離了感化教育的初衷，少輔院內還有幾百位孩子在裡面，有沒有受到應有的基本教育和尊嚴對待，我認為這是嚴肅也是有急迫性的問題。

她表示，少輔院的管理有問題，買生可能遭到不人道的對待致死，她除了要調查清楚死因，也朝國家賠償的途徑努力，期待還買生和家屬一個遲來的公道。我說我十分認同，「這個孩子有可能是被毆打致死，也可能是延誤就醫業務過失致人於死」。真相根本沒有大白，事後矯正署也沒有任何行政處分，檢察官就行政簽結，應該還給人家一個公道。

她希望我能以監察委員的調查權，調查買生生前接觸到的那9個人，我表示，一定會盡力而為，也請教她對案情的掌握。她提到桃園少輔院裡是院生管院生，常常發生以暴制暴，很不人道，完全失去矯正教育功能。我告訴她我們約詢相關專家與法官時，已經證實她提到的這些事實，這些第一線的專業人員也很擔心一旦不能釜底抽薪的解決問題，可能反而害了在少輔院裡的孩子，他們的處境可能更慘。

經過電話溝通後，我們約定1月16日下午3點見面，就這個案子彼此交換意見，仔細檢視能否因此找出些蛛絲馬跡。

2015／01／16　血跡染紅了厚厚的床墊

監察院兩位協查的調查祕書蘇慧娟、廖青惠非常認真研究案情，12月31日她們再到矯正署把相關卷宗扣回來。她們努力在資料中想要找到任何蛛絲馬跡。16日和尤美女立委見面的前夕，我要求兩位調查祕書把拿到手中的桃園少輔院內監視錄影光碟，播放出來，一起研究買生在桃園少輔院內的情形。這時才發現桃園少輔院只給２０１３年2月5日下午5點買生在少輔院宣稱的病舍內死亡前一刻以及送醫過程所錄下的畫面與內容。

桃園少輔院顯然不願提供我們全部的監視器內容，我要求兩位調查祕書，必須要到檢方手中所有的監視錄影帶，她們兩人再跑了一趟桃園少輔院去調卷，總算拿到1月30日到2月5日監視器影帶，這也是買生在桃園少輔院內僅存的最後身影，其他的都刪除了。

16日下午和尤美女委員見面時，她給我五張買生送到醫院急救宣告不治後的照片，那是家屬趕到醫院後所拍，真的是令人怵目驚心的畫面。買生右胸嚴重受傷，胸口一大片瘀青、血紅，皮都掉了，血跡染紅了厚厚的床墊，任何家屬一看到這種情景，都不可能相信是抓癢致死的。

尤委員還提供了醫院的死亡報告，寫明是到醫院時，孩子已經死亡，四肢僵硬，她因此懷疑桃園少輔院所稱當天下午5點30分左右發現買生情況有異是造假的。孩子可能在3到4點時就死亡，因為從桃園少輔院到醫院只有5分鐘到6分鐘的車程，買生被送到醫院是下午5點57分，短短6分鐘路程不可能馬上出現四肢僵硬。

她並且指出，孩子死亡後，桃園少輔院有二十多人職務被調動，桃園少輔院林秋蘭院長也申請退休，卻沒有任何人受到處分，她認為全案可能有業務過失致人於死，一定要釐清案情，並且要朝申請國賠的方向努力。我很謝謝她提供的線索，並且互相期許，盡全力為買生找公道，不過我們也擔心時間已經拖太久，證據可能都被破壞了。

死亡紀實錄影

1月17日、18日周末，連續兩天在家看桃園少輔院的監視器錄影帶，這些錄影帶有七天的錄影內容，為了趕進度，我調快速度，不眠不休的盯著螢幕看，想要找到買生的身影。

這是一卷又一卷「有影無聲」的錄影畫面，沒有錄音，根據桃園少輔院的說法是節省錄影的容量，只有七天是因為一周後，監視器就洗掉重新錄影，這七天的畫面就是買生在桃園少輔院一年半來的全部，儘管是沒有聲音，螢幕出現的畫面還是慘不忍睹，連基本的人格尊嚴都被粗暴的踐踏。

死亡前一天，老師以他生病可能影響班上秩序為由，把他送到獨居、隔離的病舍，其實就是禁閉室，我看到那一幕買生痛苦的走進房間，室內的擺設是兩張上下鋪的床鋪，沒有任何物品，沒有任何醫療設施，所以買生是捲著鋪蓋，一路跌跌撞撞由同學陪同他到禁閉室，他拖著沉重的腳步進入室內才坐在床沿，門外的管理員、公差學生把送來的棉被、枕頭丟了一地，管理員還不耐煩的用腳踢那堆丟了滿地的物品，最後一腳踢了一包衛生紙，門就應聲關閉。

留下買生一個人獨自坐了幾分鐘後，緩慢的移動腳步，一一撿起那一地的棉被、枕頭、衛生紙。

無法了解他的傷勢有多痛？聽不到他的呼叫聲、呻吟聲，從他沉重的腳步、緩慢的側躺在床上，可以感覺一定很不好受。

當天下午桃園少輔院把買生安置在隔離的獨居房舍，留下他一個人，沒有任何醫療處置，有人送藥進來，是日前醫生開的止痛藥，那間病舍對奄奄一息的買生就是關禁閉。

沒有人聞問，管理員、老師偶爾開門探親，他們真的是袖手旁觀，有時大人還雙手抱胸，對他指指點點，更像是責備他，任由他痛苦的在床上掙扎、輾轉反側，人多的時候，買生還必須辛苦的從床上坐起來，點頭聽大人講話，七嘴八舌後一群人關上厚重的門又離去。

吃飯時間，公差學生送餐來，買生看起來胃口不好，大人一進來，可能看他幾乎沒有動筷子，喝令他趴在床上吃，孩子痛到撫著床沿欄柵，嘴巴湊近床邊，趴食放在床上的飯食，人看起來很不舒服，連躺下來都無法安靜，不斷的翻來覆去，翻來覆去。

進房來的管理人員因為是「默片」實在聽不到有無關心他的病情，倒是從肢體行動看出來，有人斥令他要坐起來摺棉被。門被開開關關、人來人往的進出，就是沒有一個人靠近摸一下買生的身體，看看他是否發燒？哪裡疼痛？除了藥師幫他換藥之外，一幕接著一幕，就是沒有人認真看待他。畫面中不斷看到他在床上輾轉、掙扎。

幾度看著買生曲捲的身體，手頂住床沿欄杆，或者握拳，實在不忍再看下去，總得站起來深呼吸，擦掉淚水，再繼續往下看。

從2月4日下午3點被送到禁閉室，到2月5日下午5點30分左右被發現情況有異緊急送醫急救。整整26個半小時，沒有人認為買生應該戒護就醫，趕快送醫院治療，更殘忍的是，他是在一堆人眼睜睜下目睹他的痛苦掙扎、嚥下最後一口氣。

活生生的一部死亡紀實錄影，太慘了。

除了2月5日早上9點45分到10點05分買生曾經被管理員叫出去之外，（根據院方說法是帶他到衛生科看精神科）我第一次看到這個畫面時，還一度懷疑他是否被叫出去打？因為沒有聲音只見管理員一打開門，一夜無法入睡的買生從床上坐起來後，腳步沉重不敢怠慢的跟著走出去，20分鐘後才回來。看精神科要這麼久嗎？聽不到管理員對他叫了什麼？也沒有他看病的監視錄影帶。

錄影帶就是一部默片，看到他的遭遇你會怎麼猜想情節呢？

2月5日凌晨，是冬天的半夜，買生可能是疼痛、發燒躺在床上，不斷的撫胸，並不是桃園少輔院在他死亡後對外說的抓癢。他脫掉上衣，用濕毛巾敷胸口，看來是想減少疼痛。這些鏡頭，把買生鎖在禁閉室，室外的值班人員不管透過監視器還是禁閉室的瞻視孔都沒有看到？一個病懨懨的孩子，發出的求救警訊，還是沒有人理會。

最令人好奇的是的是2月5日下午3點15分左右，藥師進入禁閉室幫買生換藥時，桃園少輔院事後的說詞是他在浴廁，因為錄影有死角，無法得知他在浴廁為何全身赤裸，這時已經全身癱軟的買生要靠同學攙扶才走出來，躺在床上由藥師幫他換藥，影帶中可以看到他的右側胸前傷勢十分嚴重，躺在床上，幾乎沒有掙扎的餘力。藥師幫他量體溫，但是院方沒有這時的體溫報告。稍早前他時而坐起抱頭、翻身、曲身，現在他連轉身的力氣都沒有了。

錄影帶中全身癱軟的孩子，看了讓人十分不捨，買生其實是被關禁閉，不是送到桃園少輔院號稱的病舍養病。到底桃園少輔院對病情嚴重的學生送到醫院戒護就醫的SOP是怎麼訂的？

檢察官在偵查時有沒有看這些錄影帶呢？如果有看，怎麼會沒有懷疑買生從病痛到死亡的過程，相關的主管人員是否涉及業務過失致人於死？即使不知道買生的傷勢是被毆打還是運動傷害造成，他獨居、隔離在病舍形同關禁閉26個半小時，沒有延誤就醫嗎？是否草菅人命？似乎可以這麼說，從影帶的內容看來，是沒有把他當人看，也沒有把他當病人看。

如果檢察官沒有看完這些錄影帶，那麼從錄影帶的內容是否有新的事證？

要不要重啟調查呢？

買生死亡後檢察官沒有調查一個聲稱是做運動的孩子，是怎麼造成運動傷害致死？也沒有調查他有沒有被延誤就醫就行政簽結。這是什麼意思？放水嗎？人命關天的事，就這樣行政簽結？難道是檢察官太年輕，對一個病痛的孩子何時應該送醫急救沒有經驗，也沒有感覺？還是買生是來自弱勢家庭的非行少年，檢察官的心中已經有主觀的價值判斷？

我的心中充滿了疑問，我把每一段有疑問的錄影帶以時間序一一記下。

2015／01／19　價錢下的人權

聽說第四屆監委和羅瑩雪部長關係很緊張，我們四位監委包括孫大川、蔡培村、林雅鋒，因為調查買生死亡事件，特別在19日到法務部拜會羅部長，希望經由買生的死亡案件調查，一方面還當事人公道，一方面希望改變目前由管理成人犯的獄政人員也管理少年輔育院的現況，將實施感化教育的少年輔育院轉型為專業的教育機構，讓未成年的少年虞犯有接受完整教育的機會。

一場拜會，坦白說羅部長的答覆令我十分失望。

從她的談話中可以聽出來，她的意思是矯正學校是失敗的。她以矯正學校明陽中學為例，強調矯正學校內一個學生，政府一年要花58萬元的經費，相較下少輔院內的學生一個人一年是30萬元的經費，如果要把少輔院轉型為矯正學校經費上有困難。她表示，過去是在陳定南擔任法務部長時，把少輔院轉型為矯正學校的計劃叫停。

羅部長強調，少輔院的問題重點在人，不在是實施監獄管理方式或教育式的學校管理。我們表示，這個案子很多被諮詢的法官、專業輔導人員談到少輔院對違規的孩子，動輒銬上手銬，日正當中，罰站在頂樓或曬衣場，我們告訴羅部長，根據我們諮詢的專家表示少輔院內的孩子將這種處分方式叫「曬豬肉」，還有人被抽打腳底板。

我表示，根據聯合國兒童權利公約指出，締約國應採取一切適當的立法、行政、社會和教育措施，來保護兒童在受父母、法定監護人或其他任何負責照管兒童的人的照料時，不致受到任何形式的身心摧殘、傷害或凌辱，忽視或照料不周，虐待或剝削，包括性侵犯，以兩公約的標準來看少年矯正機關的管教方式是不及格的。我告訴羅部長，看完買生生前在桃園少輔院內的監視錄影後，我認為在少輔院的孩子人格沒有被尊重、也沒有被人道對待，甚至管理人員涉及凌虐孩子。

為了證實我的說法，我們當天帶了由法官、第一線輔導人員提供的照片，那是一張少輔院內的孩子腳趾腫脹像麵包一樣，還有買生一身是傷，血跡沾滿床墊的照片。此外，我告訴她誠正中學黃生被私刑打到兩腳趾頭化膿，送醫後必須拔掉指甲。

羅部長表示，她對於不肖的獄吏一定會嚴懲，絕不縱容少輔院內有虐待事件。不過她不斷誇獎矯正署長吳憲璋做得非常用心。她說，最近發生的台北監獄收受賄賂案，吳署長口頭向她請辭，她已經慰留，因為吳署長是難得肯做事的矯正署長。她不知道其實我們4位委員對吳署長在少輔院管教上的失職是很有意見。

拜會結束回到監察院，我把周末在家整理的錄影帶中，一一記下的凌辱買生、袖手旁觀、斥喝他的監視畫面內容，要求調查祕書通通剪輯下來，準備在1月26日約詢相關人員時，仔細詢問他們有沒有惻隱、憐憫之心？

奄奄一息的買生在他們眼中是那麼卑微、不值得伸出援手嗎？他只是一個犯錯被收容進行感化的孩子啊！怎麼忍心對他見死不救？怎麼忍心一再羞辱他？

那一幕一幕的畫面實在不是一個文明社會做得出來的事，他們還是一群負責感化教育的大人們！

2015／01／23　集體私刑

早上忙著誠正中學黃姓學生被私刑的約詢案，這也是一件少年矯正學校的虐待案件。黃姓學生在誠正中學接受感化教育，學校的報告指出，因為年紀較小，同學嫌棄他生活習慣不佳對他霸凌，有人拿衣架子夾他的手指，有人抓他的頭撞牆，黃生數度向父親和保護官求援表示被人欺負，學校沒有積極處理、也沒有保護他不再被欺凌。

更糟糕的是有一次出庭時，法官問黃生在學校生活還好嗎？天真的黃生告訴法官他經常被同學打。法官知道後趕快發了一紙公文到誠正中學告知學校

「黃生到庭表示，下班級後受同房學生不友善對待」，請學校多注意黃生身心狀況及同學相處情形。

這紙公文從黃生出庭到發出不過五天，仍然救不了黃生被同學集體私刑的淒慘處境。

他為什麼又被打呢？因為從法院結束出庭回到學校，管理員當著眾多學生面前問黃生出庭時說了些什麼？黃生天真的一五一十的說他向法官報告在學校被同學打。這席老實話害他被同學打得更慘，理由是黃生是「抓耙子」，要好好教訓他。

這一次，他遭毆打從上午11點到下午3點多，值勤管理人員完全不知情，被打到內出血、肋骨骨折、兩隻腳六個腳趾因受銳器刺傷化膿，這一次，他反而被打到不敢對外說，是學校發現他神色有異時才送醫，就醫時醫生為免腳趾傷勢惡化為他拔除指甲，住進加護病房。

事件被披露不是學校主動呈報矯正署，而是因為媒體報導，矯正署和外界才知道青少年接受感化教育，在矯正機構內不為人知的陰暗面。

黃生比買生幸運，被虐打成傷住院後，一方面誠正中學緊急送醫急救，一方面有媒體披露，矯正機構不敢怠慢，立即對他進行身心輔導，處分並隔離對他私刑的施暴者，讓他受到安全的對待。

忙了一天，結束誠正中學黃生案相關主管人員的約談後，傍晚和林雅鋒委員帶著兩位調查祕書趕到台大醫院，就買生的傷勢、死因諮詢賴金鑫醫師。他提出的疑點包括：

一、右腋下的傷勢很難理解，如果是做伏地挺身，受傷的部位是右肩關節，不會是腋下。如果是跌倒，手臂會有反射動作保護。合理的懷疑是受鈍力撞擊，可能是被毆打。

二、解剖報告懷疑是外力造成很合理，但是檢察官以敗血症結案，卻沒有做細菌培養很不合理。

三、2月5日下午4點買生的體溫是35．9，是耳溫，根據體溫狀況不排除是已經休克。

四、買生的用藥從1月8日開始有很強的安眠藥，肌肉鬆弛藥，兩種藥混合服用讓他昏昏沉沉。

賴醫師解釋，這個孩子從被送到隔離的病舍到死亡，時間那麼短，有點令人費解，再加上傷口引發的敗血，也太快了，到底他致命傷口在哪裡？

賴醫師說，一個年輕的生命就這樣消逝，實在是很不能理解，也不捨。他說如果買生能立即送到醫院治療或許情況會不一樣。

賴醫師的意思很清楚的指出，根據買生的病況應該是立刻送醫急救，怎麼會是把他安置在隔離、獨居的房間，沒有任何醫療救治呢？

2015／01／26 心如刀割

今天整天都是約詢，早上先約詢買生在桃園少輔院孝六班的三位導師，其中陳導師對買生考評是「冥頑不靈、不服管教、胡作非為、教化難入，毫無是非廉恥之心」，我實在無法理解一位老師怎麼會用這樣的字眼來形容學生，當然在少輔院都是犯錯的非行少年，教導是比一般的學生辛苦，但是這種污辱性的字眼，凸顯師生之間的嫌惡關係，怎麼會有教育的效果？

看著這段嚴厲的評語，我忍不住問陳導師「這些文字是意見還是事實？」他停頓一下強調，都是事實。再問他買生是如何不知羞恥？哪些病態行為？

陳導師舉不出實例來，不斷強調買生死亡時已經離開他的班，買生死亡和他無關。

決定約詢陳導師是因為買生在孝六班時，密集因扭傷、挫傷看病，陳導師還認為買生裝病，要嚴加考核，買生在孝六班時是否被毆打或凌虐？陳導師說沒有，並強調他不會打學生，他表示「這個學生比較特殊，很難相處，老師怕他被欺負，反而是要盯住他」。

可是也就是這段期間，買生兩度向保護官求援，一次說出「被打，手快斷了」，事後桃園少輔院調查結果是買生亂講，還要他立下自白書自證是「胡言亂語」。

另一位廖老師是以買生病況恐影響班級上課，把買生送到病舍，其實是隔離的禁閉室，並且曾在2月5日前往探望，廖老師強調，他當時只是請示桃園少輔院林秋蘭院長是否送買生到病舍，至於為何不讓買生送到醫院戒護就醫，他說是否送到醫院急救不是他的責任。廖老師說不知道買生怎麼死亡的，他反而在2月5日早上探視時曾經問買生「有沒有被打？」

那麼，為什麼會突然問買生有沒有被打呢？廖老師說因為擔心買生被打，但在班上不敢說，隔離病舍沒有其他人，就比較沒有顧忌。當時買生還是回答沒有人打他，身體疼痛是運動傷害造成。

另外，約詢隔離病舍的管理員、相關主管人員等六人都表示他們和買生互動不多，確實也是。買生被送到隔離的禁閉室，短短一天半就死亡，這些人只負責這間隔離房間的動靜，進進出出、看著買生痛苦，沒有人認真的、仔細的和買生說個話，當然對他不了解。

他們同時表示，買生送到隔離房時，已經很疼痛、不舒服。他們不是很了解班上的情形，包括上課時老師是否處罰學生。他們都說買生被送到隔離病舍後，由管理員輪值看管，至於是否應該戒護送到醫院急救，不是他們的職責，也不是他們可以決定。

2月5日早上輪值的關西和管理員說，看買生精神很差、沒有胃口，還叫學生餵買生吃飯，給他水喝。當天早上陪他看精神科的管理員說，看病時買生自己走去，回來是坐輪椅，精神很不好。

當時擔任桃園少輔院訓導科的陳立中科長表示，買生死亡事件發生後是他指示要約訪學生，目的是想要了解買生生前是否被欺凌。但是都問不出來。

榮總駐桃園少輔院的兩位醫生劉醫生、古醫生都表示，事後才知道買生過世。劉醫生說，2015年1月30日他還替買生看病，當時他神情還好，那是他最後一次看到買生，至於桃園少輔院的病歷中出現他在2月4日也替買生看病的紀錄是有人撰寫，不是他本人。不過2月4日早上他的確在桃園少輔院輪值看診，但是買生當天並沒有看病。

古醫生說，桃園少輔院對外說將買生送到三省園病舍，「那裡根本不是什麼病舍，是關犯錯學生的隔離房，有點像關禁閉，生病的人不可能住在那裡。」

兩位醫生看到我們播放2月4日下午3點買生被送到隔離病舍，棉被、枕頭被丟一地的那一幕，都表示那不是病舍，怎麼病舍還有上下鋪？裡面也沒有任何醫療設備，古醫生說，他在桃園少輔院看病看很久了，知道三省園是隔離學生的地方，不是病舍。他對買生去世感到很遺憾。

2月5日幫忙買生擦藥的何藥師說明2月4日的病歷是他進入劉醫生的系統撰寫，不是劉醫生所撰寫，他這麼做是因為要替學生分藥，不是故意或有造假之意。換言之，2月4日買生並沒有就醫紀錄。至於為何沒有讓買生戒護就醫送到醫院去？何藥師說，那時看起來還好。可是事實上2月5日下午3點左右何藥師幫買生擦藥時，買生全身赤裸的從浴廁被兩位同學扶出來，躺在床上讓何藥師擦藥，看起來已經全身無力。

當時擔任桃園少輔院長的林秋蘭強調，她除了2月5日買生死亡當天早上到隔離病舍看了買生，當天下午4點38分還從病舍的瞻視孔問候買生還好嗎？他還可以回答沒有事。這是疑點。其實根據台大賴醫生的判斷，買生可能是4點左右就休克，怎麼回答林院長的問話呢？另外，此時距離他被發現有異狀緊急送醫大約是一個小時前。

最啟人疑竇的是這個隔離的病舍晚上6點到早上8點都是被鎖住，鑰匙必須繳回中央台，如果有任何緊急事情要如何救治？

從2月4日晚上6點到2月5日早上8點輪值的管理員都是透過iPad大小的瞻視孔、監視器影帶觀看買生。

那一夜，孩子輾轉難眠，痛苦不堪。病舍對他就是孤獨的關禁閉，毫無醫療、尊嚴可言，管理員進出不是斥責就是用腳踢東西，沒有人仔細了解他的病情。

被約詢的矯正署吳憲璋署長看了錄影帶，哽咽的說這是他第一次看到買生在桃園少輔院內的監視錄影帶，他形容自己心如刀割，非常難過孩子在少輔院竟是這樣被對待。他強調自己對少輔院的管理要求一定要用愛心、耐心來教導這些在人生路上跌跤的孩子，協助他們重新站上人生的正常軌道，沒有想到發生這種憾事。

我的疑問是買生都死亡一年多了，媒體、立委質疑聲不斷，家屬四處陳情喊冤，做為矯正署長怎麼會對這個案件宛若置身事外的毫無所悉呢？我問吳署長「你為什麼沒有看過買生病危前被送到禁閉室等待死亡的錄影帶呢？」他說錄影帶在檢察官調查時，被檢方帶走。桃園少輔院呈給矯正署的說明沒有這些相關的報告。

由於吳署長是和其他人員分開約詢，他如果知道或者聽到自己強調的愛的教育，在少輔院執行時他的部屬卻用「不知羞恥、幾近病態」辱罵學生，一群部屬透過監視畫面觀看買生死亡前的痛苦掙扎，每個人都不認為應該決定讓孩子送醫急救是自己的責任，吳署長是否會痛哭流涕？

另外，在約談中，我們詢問有沒有用所謂的「黑狗棒」打孩子？這是一種用黑色電線纏著棒子用來毆打孩子的刑具。有沒有由學生幹部點學生出去讓老師處罰？也就是班級是由學生管教學生。導師和管理員都否認有「黑狗棒」打人一事，桃園少輔院林秋蘭院長說，那是2009年她到任以前的處罰方式，她任內就沒有了。至於由學生點學生出去讓老師處罰的管教方式，大家都不否認，只是對處罰的方式表述不同。有人說老師會罰站，有人說是讓學生靜坐，有人說要求學生做伏地挺身或仰臥起坐。但是都沒有打學生這種處罰方式。

緊接著更大規模的約詢包括桃園少輔院、彰化少輔院、新北地院、桃園地檢署、矯正署、衛福部、司法院少年及家事廳。我們先讓大家看買生被關到隔離禁閉室的那一幕，還有他從浴廁被扶出來側躺擦藥那一幕。大家心情都很沉重。司法院少年及家事廳副廳長提到看到畫面很不舒服，希望法官、少年保護官能和矯正機關、少輔院多連繫，這些孩子都是被家庭、學校遺棄，才來到少年輔育院，大家應該要讓他們有機會在社會上重新立足。

我首先要求檢察官說明以下幾點：

一、有沒有看過這些畫面？如果有看過畫面，對於桃園少輔院是否延誤就醫，為何沒有調查相關人員可能涉及業務過失？

二、檢方調查內容只調查買生有沒有被毆打致死，卻沒有調查是否有無業務過失致死？例如如果是運動傷害，是否體罰所導致的運動傷害，還是他自己調皮運動致死？另外，孩子其實是如同被關禁閉一樣，沒有立即送醫院戒護就醫，不是草菅人命嗎？

檢察官表示，錄影帶第一時間都和家屬一起看過。1月30日、2月2日、2月4日、2月5日孩子都有就醫紀錄，再加上調查時約詢了少輔院內其他院生，都查不到傷害買生的人，家屬也提不出被告是誰，所以就行政簽結。我反問她刑事訴訟法裡沒有行政簽結這回事，人命關天豈可草率簽結？她表示是根據「台灣高等法院檢察署所屬各地方法院及其分院檢察署辦理他案應行注意事項」規定暫時結案，以後只要有新事證還可以重啟調查。

桃園地檢署林主任檢察官還說，業務過失是指應注意、能注意、未注意，他們仔細看過這個卷宗，沒有發現這個問題。我請教他，沒有送醫院戒護就醫卻關在獨居房是否延誤？2月4日的就醫紀錄是假的，一個病危的孩子是被關禁閉，不是像桃園少輔院說的到病舍休息。這些事證是否構成新事證，他說可以回去和裏閱檢察官再研究，不過刑事責任和行政責任的追究不一樣，希望我們可以理解。

新北王保護官，看完監視錄影帶哭了，無法言語，她的長官代為回答表示，只要孩子送到少年輔育院，保護官一定盡力去探視，他們完全不知道買生後來的處遇，對於孩子的死亡遭遇真的很遺憾。

桃園少輔院新任院長林志雄說，他到任後就主張不能體罰孩子，也以買生案為戒，希望能給孩子一個好的環境。彰化少輔院詹益鵬院長就招架不住林雅鋒委員提出有關彰化少輔院，是否有曬豬肉體罰的一連串詢問。詹院長最後承認有兩個孩子被送入考核房超過半年、九個月，還有孩子被用「曬豬肉」的方式，上手銬在曬衣場，整夜都銬著到天亮。

詹益鵬院長說，考核房的設置是因為孩子違規不能和大家過群體生活，才會送去考核房，考核時間通常是一周，超過一周的規定是特例。至於「曬豬肉」處罰方式，是彰少輔曾經發生學生搖房事件後，當天連夜處理時，將鬧事的學生一一帶出去詢問，擔心再鬧事只好隔離學生，有十位學生被銬在戶外，就是只有那一次，從晚上10點銬到第二天清晨6點。

他也承認有些學生因為橫紋肌溶解症送醫，但不是體罰造成，是體能比賽競爭激烈造成。他還說會有這麼多對少輔院的負面傳言，都是法官對他們有信任危機。

詹院長面對我們的詢問，先是口口聲聲強調不體罰學生，最後統統承認有這些體罰事實。我告訴他「體罰有很多種，例如關考核房是體罰，做伏地挺身是體罰，打手心是體罰，罵學生人渣也是體罰。這些都不是傳說，都是事實，豈止是法官對你們有信任危機，我們對你們也有信任危機。」

我語重心長的告訴所有在場相關人員「今天是沉重的一天，買生的死亡希望能喚醒執法者的良知，讓這些活在社會底層角落的邊緣人，有呼吸的空間，拉他們一把就是做功德」。

矯正署吳憲璋署長表示會痛定思痛，要求屬下全力改革，希望他的話是真的。

不料，２０１５年４月１日他申請退休。

2015／03／23　雨中訪桃園少輔院

3月23日我們到桃園少輔院，就買生案進行履勘，對這個案子因為感觸特別深，我寫下詳細的紀錄和心中的感受。

乾旱年，難得今天春雨大作，接近清明時節，但不是雨紛紛，是大雨滂薄，走在桃園少輔院的園區，要找買生的足跡。在孝六班前的樓梯，想像他因為疼痛無法上課，坐在樓梯間的那幾天，輔導員的桌子就在樓梯旁邊，還裝有監視器，從螢幕監視班上的一舉一動，但就是對坐在樓梯旁邊無法上課的買生無動於衷？

三省園，是孩子斷氣的地方，當初把他送到這裡號稱是病舍，其實是禁閉室，隔著一個iPad大小的洞口觀看房內的一切，下方一個筆電大小的洞口是送食物的地方。兩處都用鋁片拉上關閉。孩子完全被隔離，就是關禁閉，硬要說是病舍。可以想像一個不知道傷口哪裡來，嚴重病痛的孩子，他臨終時的無助和恐懼！

看著這個狹小的幽禁空間，想著桃園少輔院林秋蘭院長被約詢時一句「買生是我們的寶貝！」真是無比的諷刺！大人的世界不僅無情，更是虛偽！

新任院長林志雄把三省園重新還原成悔過室，裡面上下鋪的床沒有了，已經不是當時買生被隔離拘禁的模樣，三個違規的孩子席地而坐，面對牆壁，我們就隔著送餐的小洞口向他們加油、打氣，我和林雅鋒委員忍不住建議林志雄院長，應該把狹小的洞口放大，讓孩子接餐盒時有尊嚴。

林志雄院長帶我們參觀他重新設置的病房設施，的確是改善了，有病床、有醫療儀器，還強調現在一旦孩子不舒服，還是優先戒護就醫，送到醫院治療。

林志雄院長還安排去年參加高中舞蹈比賽得到第一名的孩子表演，要我們為孩子加油、鼓勵，看著他們賣力揮旗舞動，那份努力與投入，就像我們鄰家的孩子，怎麼忍心不想拉他們一把呢？

與桃園少輔院同仁座談時，孫大川副院長感慨的說，每次看到這樣的孩子心中就會無比的疼痛，總是認為人類有很多的罪過，是由這些不幸的孩子在承擔，他鼓勵桃園少輔院的工作人員一定要有同理心，讓這群在家裡可能得不到關愛，以致必須送到少輔院接受感化教育的孩子，能有機會獲得肯定、鼓勵，給他們溫暖。

我說，看完三省園心裡感慨很多，看到新任院長的用心，但這是用一個孩子的生命換來的。硬體的設備已經更新，管理、輔導人員的心態有沒有調整呢？買生生前大約1月30日就不舒服就醫，無法上課、坐在樓梯口或坐在輪椅上，根據院方的紀錄，同學說他因為運動傷害右肩疼痛，老師只問有沒有人打他？沒有人知道他死亡前右前胸的傷口是哪裡來的？台大醫生接受我們諮詢時說是鈍力撞擊，真是羅生門！

尤其孩子被送到號稱病舍的三省園等於完全被隔離。管理員送他到門口，把棉被枕頭丟一起，還用腳踢，戒護主管來看他時，斥令他摺棉被、不是關心他的病痛，我們問戒護主管為何要一個已經疼痛得輾轉難眠的孩子，坐起身摺被子，理由竟然是「我管理生活常規，每天就是要摺被子」。

2月5日死亡當天早上，買生因為不舒服安排看醫生，但是看的是駐診的精神科醫生，我們詢問醫生怎麼沒有讓孩子戒護就醫送醫院治療呢？醫生說，他看的是精神科，沒有發現孩子身上有傷口，如果知道他傷口那麼大，一定會建議趕快戒護就醫。

2月5日當天下午3點多戒護的管理人員和藥師發現他情況不對，有幫他包紮傷口，已經奄奄一息的孩子，還是沒有將他戒護送醫院急救，負責的管理人員說，他只管安全，能否送醫院不是他能決定，包紮傷口的藥師說他不知道情況這麼嚴重。

根據台大賴醫師的判斷4點左右孩子的體溫剩下35．9，可能是已經休克，但是沒有人認為他要送醫院就醫。林秋蘭院長說下午4點38分她還透過那個iPad大小的小洞口問「凱凱你還好嗎？」孩子還回答她說「我很好！」不到1個小時，孩子就斷氣了！林前院長的問候不僅冷漠、也未免太假了吧！

矯正工作的意義到底是什麼？像高雄大寮監獄六個人進去接受矯正，出來是六具屍體，那是成人監獄的悲劇，在少輔院的孩子，他們尚未成年，人格有待形塑，必須靠大家的支持與協助，矯正人員一定要找回那份工作的熱忱與初心。

矯正署邱副署長表示，高雄監獄事件讓矯正工作的第一線人員挫折感很大，很多人申請退休，他自己也感慨很深，他感謝我們的鼓勵。希望大家一起努力，把事情做好。

他說的應該是吳憲璋署長，監察院在這段期間調查獄政的案子有高雄大寮監獄案、北監虐待受刑人案、台北監獄收受賄賂案、桃園少輔院買生案、誠正中學黃生被私刑案，或許他擔心再不趕快退休，可能會被彈劾，很難安全卸任。

今天履勘桃園少輔院前，先趕到誠正中學了解孩子的矯正教育，在烘焙教室裡，面對孩子提供自製的點心，我很心疼的告訴他們「人生難免有挫折，重要的是一定要堅持，只有堅持才有重新站起來的機會，只要大家不放棄自己，這個社會也不會放棄你們，一定會給你們機會！加油！」

在誠正中學的考核房外，看著違規被關在裡面的孩子，我對他們說如果很生氣時就深呼吸，讓自己冷靜一下，結果就會不一樣。孩子正襟危坐的被要求向「長官問好」，我聽到的是四個孩子異口同聲的說「阿姨好！」我很高興，他們沒有把我當成長官，其實他們真的是很需要被關愛的孩子啊！

2015／04／02　孩子的受教權被剝奪

4月2日清明節前夕馬不停蹄的進行約詢，今天約詢對象是桃園少輔院、彰化少輔院兩位院長、教育部國教署長，少輔院內的孩子受教權因為喪失自由被相對剝奪，是違反國際兒童人權公約的規定。目前少輔院的管教方式是把孩子當成年犯對待，監獄管理是同一批人在成人監獄、少輔院之間輪調，對待成長中的孩子缺乏教育專業，未尊重孩子人格的成長，違反人權，也剝奪受教權，如果他們重回社會時，沒有基本能力在社會找到立足之地，可能會是社會更大的問題。

約詢前，孫大川副院長說了一段話，我深有同感，他說政府的教育權只在有錢人身上打轉、想方設法，很多的特色學校、自學都是因應這些人的需要，破例而來。面對少輔院、矯正學校的孩子，教育部都推給法務部，認為不是教育部的責任。以致孩子從矯正學校出來經常是沒有學校可以銜接唸書，拿不到畢業證書，如果要學技藝，又因為預算限制，孩子不能根據自己的興趣選班選技藝，這樣的學習效果實在令人擔憂。

例如誠正中學的烘培班一年要80多萬元，目前還差40多萬元要靠募捐，錢有了才能開班，彰化少輔院有拳擊班，但是名額有限，孩子一心想去學習拳擊，卻進不去，只好被安排到扯鈴班，志趣不合還感覺很無趣，少輔院不懂教育，應該由教育部建立平台，針對這些特殊孩子的需求，設立符合他們能力、志趣的課程。還有特殊教育師資不足，也是少輔院、矯正學校長期來最嚴重的問題，許多孩子被認為過動，靠服用鎮靜劑、安眠葯讓他們安靜下來比較好管理，卻沒有輔導老師介入提供專業協助他們。

監察院第四屆委員對少輔院的教育問題曾經提出八個調查案和糾正案，至今仍然沒有改善。我們要求教育部不能置孩子的受教權於不顧。

2015／04／07　悲慘世界

中國時報今天做了一整版有關買生死亡案件的報導，要求監察院必須找出真相，還家屬公道。無獨有偶的桃園少輔院關西和管理員和調查祕書今天確認上次調查內容時，我們覺得有必要再約詢他釐清案情。上次約詢時他強調自己只是負責管理病舍的人，是否將買生戒護送醫院就醫不是他的責任，我們想了解，當時難道沒有任何人建議應該將買生送醫院嗎？

巧的是孫大川副院長今天也就這個案子和我們交換意見，就彈劾對象提出名單包括前桃園少輔院林秋蘭院長、彰化少輔院詹益鵬院長、桃園少輔院前訓導科長陳立中、桃園少輔院衛生科長侯慧梅以及相關失職主管人員。

我們有初步共識。孫大川副院長說，彈劾會後還要召開記者會，讓外界知道「一個不良少年之死」揭開了少輔院、矯正學校內不為人知的悲慘世界，進一步把正規的教育系統導入少輔院、矯正學校，可以說是我們任內的一件功德。

我們同時決定下周要再約談關西和管理員，希望對案情有所突破。

2015／04／14　心中的小祕密

今天再次約詢桃園少輔院的關西和管理員、邢世煌管理員，他們兩人分別是買生關在隔離病舍時，最後兩天擔任輪值的人員。關管理員再次來監察院說他感到良心不安，決定豁出去講真話，邢管理員已經調職到台東任職，他是台北大學法律系畢業，他說如果不說出心中的「小祕密」，心裡壓力很大。

關管理員表示，買生被送到隔離病舍時狀況很不好，其實隔離病舍內沒有任何醫療設備，隔離房也是考核房，他任職桃園少輔院三年多來，印象中只有一位學生因為肺結核被關在病舍隔離，買生是第二位關在隔離病舍，但是他的情況應該是趕快送醫院治療，不是送到隔離病舍，不過他人微言輕講了也沒有用。他說2月5日買生死亡當天早上9點30分左右，他向要接班的邢管理員說買生狀況不好，要特別小心，關管理員還向主管陳科員建議應該要將買生戒護送醫院就醫，但是他的建議沒有下文。在場的邢管理員可以作證。

當天下午3點15分何藥師幫買生擦藥時，邢管理員也向在場的訓導科長陳立中表示，買生狀況不好。陳科長沒有回應，反而對買生說「給你看過醫生，也照了X光了，你不要假鬼假怪！」這句話邢管理員感到震驚。他們從這句話已經聽出來，陳立中科長並不打算將買生送醫院治療。萬萬沒有想到短短兩個小時後，買生就死亡。邢管理員說，陳科長這句買生裝病的話他一直放在心中不敢對外說。

檢察官調查時，刑管理員也被約談，接到檢察官調查通知時，邢管理員剛好戒護學生在醫院就醫，陳立中科長特別跑到醫院告訴他，已經收到檢察官的通知書了，請他針對要接受調查的內容先寫報告。邢管理員把陳立中科長當時講的這句話寫在報告中，被陳立中要求刪掉。邢管理員只好刪去這句話，不過他對陳立中說「有一天在適當的場合我會說出這句話」。

可惜監察院第一次約詢他時，他是和陳立中一起被約詢，坐在以前的長官面前，他說雖然當時已經調職，離開桃園少輔院，但是還是沒有勇氣說出來。他很感謝監察院再次約詢他，讓他說出這句一直放在心中的「小祕密」。至少可以不會覺得良心不安。

我們問兩位管理員調查至今，如果找不到誰毆打買生？至少有業務過失致死的公訴罪呀！邢管理員說，他是法律系畢業，知道業務過失是指公務員應注意、能注意、未注意，買生必須戒護送醫院就醫，卻被關在隔離房像關禁閉，他們也覺得不妥，向上面建議，但是上面沒有採納，他們也沒有辦法。

關、邢兩人對於檢察官調查買生死亡原因是運動傷害、抓癢致死，兩人異口同聲說不可能，但是他們因為值勤的地方不同，買生送到隔離病舍時，狀況已經不好，他們不知道買生的傷口是怎麼造成的。桃園少輔院裡倒是有很多傳說。邢管理員說，他是法律人，沒有證據的傳言都不能說，只能說少輔院對待學生的方式很值得大家去關切，買生在少輔院內是相對弱勢的孩子，他來不及長大令人遺憾。邢管理員說，他實在想不到這麼簡單的案子，為什麼檢察官調查不出來？

不過，刑管理員也坦言，如果不是已經調職，他沒有勇氣說出真話，因為少輔院是很封閉的單位。關管理員說，他建議應該將買生要送醫院治療，陳立中科長認為買生是假鬼假怪。結果買生死了，桃園少輔院之前還有兩個學生脫逃，管理是出了問題，還出人命，他覺得良心不安，決定全盤托出。他強調，買生的確是應該戒護送醫院就醫，但是上面不准，眼見他等待死亡。

陳立中是訓導科長，買生死亡後，他指示對學生進行約談調查。學生面對檢察官調查時，大家說法相當一致，大概的說詞是和買生不熟，買生不舒服時有幫忙他，買生是單手做伏地挺身，造成運動傷害，沒有人毆打他，這些說詞有可能涉及要學生串供。連邢管理員的供詞都被要求修改，何況是學生呢？

再次約詢邢、關兩人後，我對檢察官的草率簽結很不能諒解。會後我們四位調查委員討論要如何寫調查報告，我們對彈劾相關主管、前桃園少輔院院長林秋蘭、訓導科長陳立中，彰少輔院長詹益彰有共識，至於兩位檢察官的責任再次約詢後決定。全案朝業務過失致死要求重啟調查，還買生一個遲來的公道。

2015／05／01　業務過失致死是公訴罪

今天是最後一波的約詢，首先是蕭開平法醫表示，買生右肺化膿十分嚴重，血液中的膿汁令他印象深刻，是敗血死亡。他形容孩子的死亡不單純，化膿至少一周以上，造成原因是外力致傷，他不認為是運動傷害，做伏地挺身所致。所以驗屍報告寫「他為」，他形容以這個孩子的病況必須立即送醫院戒護就醫，桃園少輔院是有疏失，尤其院內的病舍，其實是禁閉室，沒有任何求救設施。小孩還小，桃園少輔院應該要妥為照顧。至於生前是否被毆打？他無法得知。

兩位檢察官被約談時強調，全案行政簽結是找不到家屬指控的對象，沒有加害人。她們兩人很年輕，這個案子是林檢察官分發後接到的第一個案子，問她們兩人，為何只偵辦買生有無被毆打致死，沒有偵查如何造成運動傷害或業務過失致死，兩位檢察官強調，調查方向沒有錯誤。

陳檢察官說，她曾經朝業務過失方向偵查，但是無法切入哪個人有責任，尤其死亡前三天還戒護到桃園敏盛醫院就醫，回到少輔院買生還一直說不舒服，她也曾經嘗試以一個母親的角度去思考，買生已經看了醫生還不舒服，這種情況要怎麼辦？我告訴她任何一位母親都會馬上送急診。

林檢察官反問我，不辦如何造成運動傷害是什麼意思？我說就像洪仲丘被體罰也是一種運動傷害致死啊！

業務過失是指這個孩子應該戒護送到醫院就醫卻被關禁閉。尤其少輔院的管理員也建議應該戒護就醫，但是主管訓導科長陳立中沒有採納。兩位檢察官一臉驚訝的表示，偵查時管理員沒有人提到曾經要求戒護就醫被拒絕一事。

這就是問題所在，管理員認為這個案子檢察官沒有理由調查不出來，截至目前為止看來是管理員沒有對檢察官講真話，反而是對監委講真話，為什麼呢？

陳檢察官特別強調，她們是辦刑事責任，監察院是辦行政責任，她們找不到誰是業務過失者，但是監委可以！是這樣嗎？業務過失是公訴罪，怎麼是監委可以找到誰是業務過失者？檢察官找不到呢？

這兩位年輕的法律人真是令人感慨，人命關天的案子，這麼的草率行政簽結，理不直氣很壯。當然她們談話時有點緊張，本案是林檢察官分發後接到第一個案子，桃園地檢署也太草率了，把這個案子交給沒有經驗的新任檢察官簽結，檢察長的督導功能呢？

檢察長依規定對行政簽結要詳細審核，如發現有調查未盡之情形，應命繼續調查。桃園地檢署的檢察長有無詳細審核？

死亡前幫買生擦藥的何藥師，他也再度到監察院說明，他主要強調：

買生死亡前的用藥紀錄是他用榮總劉醫生的電腦登錄。

買生死亡當天，陳立中科長下午4點左右到隔離病舍，關西和管理員建議戒護送醫院就醫，但陳立中對買生講了一段不要裝病的話，他在陳立中走出病舍時，曾經建議陳立中應該讓買生就醫，他說「現在不送，等一下也要送」沒有想到，他到別的病舍送藥還沒有結束，買生就被急救、死亡。

三省園不是病舍，是隔離房，買生過世前一年只住過五位學生，兩位肺結核，三位水痘。主要是怕感染，那裡只有床，沒有任何維生、急救設備。其實衛生科內有一張床，也有急救設備，但是買生沒有被送到那裡。

另外，當天值勤的陳科員完全否認關西和管理員在2月5日，買生死亡當天早上曾向他建議應該讓買生戒護送醫院就醫。

今天同時約談了彰化少輔院院長詹益鵬，4月29日出刊的壹周刊報導了彰化少輔院「曬豬肉」的事件，矯正署研議要處分彰少輔相關人員，並以少年悲歌來形容這種處罰行為。

上次約談詹院長時他所說的內容荒腔走板，今天他又有不同的說法，原來2014年彰化少輔院發生828（8月28日發生）搖房事件，詹院長在我們追問下才說出，當天晚上他根本不在彰化少輔院內，他下班人在台中，學生是當晚7點10分開始搖房，為了維持秩序，學生紛紛被帶出去銬在曬衣場，晚上9點左右他才被告知，當晚這麼大的事件彰化少輔院沒有請求外援，也沒有向矯正署報告，私自把學生銬在曬衣場一整夜，詹院長是在隔天早上8點才回到彰化少輔院坐鎮指揮，這時學生才紛紛被解除手銬回房休息。

詹院長先是說828搖房事件不是重大案件，因此沒有向矯正署報告，又說因為事情緊急才將學生銬在曬衣場12個小時，至於是誰下的令？他沒有回答，只說暫時將學生銬在曬衣場是「習以為常」。其實我們調查後發現在同年六月、七月還有三起「曬豬肉事件」，陳姓少年七月天，日正當中時的中午1點到4點被銬在曬衣場處罰，也有學生被用棍子責打大腿，或長時間以蹲姿學鴨子走路。

壹周刊這篇有關「曬豬肉」的報導刊出後，法院的少年保護官、法官紛紛打電話給監察院本案的兩位調查祕書，證實彰化少輔院的確有以「曬豬肉」方式處罰學生，媒體沒有曝光前，這些在第一線與少輔院孩子接觸的專業人員，不敢說出這種幾近凌虐的事實，他們顧忌這種存在已久的管理文化，如果無法根除，說出來反而對孩子不利，這也是為什麼詹院長一開始所說的很多傳言並非事實，是因為法官對他們有信任危機所致，事件調查至此，證明不是傳言，是事實。

如果沒有媒體報導、監察院調查，雙方對這種幾近凌虐的管理仍然要「視而不見」嗎？詹院長在約詢中的說法更顯得左支右絀。

除了「曬豬肉」的體罰方式，彰化少輔院經常將違規學生關在考核房禁閉超過半年以上，違反考核房規定，同時考核房的禁閉獨居，每次以一周為原則。

被關在考核房的學生不能到班級上課，是從同學中完全被隔離在考核房中禁閉靜思，如果學生還是不能安靜下來，少輔院通常是帶他們看精神科吃藥，協助學生不要衝動。

蔡姓學生數次被關在獨居房超過一周以上，他告訴法院的少年保護官「很怕獨居，不敢睡覺」，保護官寫下蔡生的紀錄是「每每在隔離獨居期間情緒不穩，而有自殘行為」，被關在考核房、獨居、禁閉情緒愈不穩定，就愈不能出考核房，因為沒有達到考核安定、不衝動的要求。

陳姓學生更令人同情，他因為家庭功能不佳，毀損汽車擋風玻璃、竊盜被送入彰化少輔院執行感化教育，入院時記錄他的身心健康情形普通，無精神狀態病史紀錄，入院後因違規不斷，曾經被關在考核房一年五個月，沒有機會上課，精神上受到折磨，幾近凌虐，以致產生會幻聽幻覺，總覺得有人要欺負他。

經過精神科專業診斷是：重度社會化行為障礙及注意力不足疾患。我們在彰化少輔院探視陳生時他說「有吃藥，之前是睡不著，每兩星期看一次醫生，吃鎮靜劑的藥」、「我在考核房一年六個月，以前在外面不用吃藥，也不會情緒控制不好。」

負責定期到少輔院輔導的法院少年保護官，對他寫下的紀錄是「陳生自陳其有幻聽情形，其會聽到有人聲交談討論晚餐有毒或有人要陷害他。……此次測驗過關過程須釐清是否與個案用精神科藥物之副作用有關」。

陳生告訴我們，他相信在少輔院裡，只有靠自己的拳頭才不會被欺負。

陳生在彰化少輔院遭受的處遇情形嚴重影響少年健康及基本人權，詹院長接受我們約詢時坦言「要深刻檢討，處理欠缺方法，也超過我們的能力。……希望引入特教及輔導老師」、「矯正學校與少輔院差別在輔導人力，用戒護手段去管理，但方式已窮盡」。

一連串的調查、約詢我們已經有了方向，除了糾正外，要彈劾違法失職的相關主管。

我們決定要彈劾的對象，除了相關主管外、還有前桃園少輔院院長林秋蘭、前訓導科長陳立中、衛生科長侯慧梅、彰少輔院長詹益鵬等數人。

四位調查委員開會討論，初步調查報告有260頁，兩位調查祕書非常認真，彈劾對象也順利獲得共識。

我們希望這次彈劾能順利通過。不過彈劾人數很多，可能不容易通過。最近監察院連續提案針對澎湖空難、頂新黑心油兩次重大彈劾案都沒有通過，還引起媒體批評。

全案是6月2日召開彈劾審查會，希望能順利通過，雖然是遲來的正義，總是要給死者、家屬一個公道。

2015／06／02 彈劾只通過四人

2015年6月2日召開彈劾審查會，從早上9點30分到12點30分，我和林雅鋒委員分別用PPT講解案情，我負責桃園少輔院的買生案，她負責彰化少輔院的「曬豬肉」凌虐事件。審查會說明案情前，我先表達幾點調查感想：

做為一個媽媽心很痛，很想哭，感謝共同調查的三位委員一路上互相加油打氣。

調查過程很震撼，沒有想到在感化機構的孩子，受到這麼不人道的對待。我們除了從媒體報導找線索，也從法官、少年保護官透露的訊息中發現了案外案，除了調查買生死亡案件外，進一步發現彰化少輔院的「曬豬肉處罰事件」幾近是對學生的凌虐行為。

這群孩子七成來自單親、隔代教養或破碎家庭，在學校是低成就的學生，因為行為偏差被送到感化機構，理當協助他們接受矯正偏差行為，才有機會翻轉人生，重新踏入社會。

可惜很難，因為少輔院內的管理現況不僅缺乏專業人力、能力，還用幾近凌虐、污辱尊嚴的方式來對待學生，誤導他們人格的養成，誤以為拳頭出頭天，可能會讓他們帶著仇恨、絕望離開少輔院，再踏入社會時，代價可能更大。

我播放監視器畫面，從買生進入禁閉室開始，看到他無助的斷了氣，現場多數委員心情沉重。林雅鋒委員用凌虐人犯來討論彰化少輔院的「曬豬肉事件」。我們強調，為何要提出彈劾這麼多的相關官員，因為兩個少輔院對待孩子不僅背離教育孩子的受教權與教育功能，不人道的對待更是違反了基本人權。

結果彈劾只有通過四位，票數也不漂亮，林秋蘭、侯慧梅都是6：5、陳立中8：3、詹益鵬7：4，其他幾位未通過被彈劾人的票數是多少？我也不曉得也不想知道。這個結果令我感到很難過，挫折。

為了這個案子，我把監視錄影帶看完，一一記載所有可疑的時間、畫面，由助理佳倩根據案情剪輯影片，她花了三天時間先做成1小時的影片，再剪成半小時、15分鐘、5分鐘各種不同版本，為的就是在審查會上配合案情做報告，但是從審查會委員的提問情形，可以看出，有人沒有仔細先看過調查內容，對於這種悲慘的不人道對待少輔院內的孩子，可以視為當然嗎？

彈劾會後，林雅鋒委員到我的辦公室來，我們認為兩個少輔院都發生這麼嚴重的違法失職的事件，卻只通過四個人的彈劾案，對監察院整飭官箴這回事只有感慨！

下午的記者會，記者問我們只彈劾四個人？我的說法是只通過四個人，因為根據監察院的規定彈劾沒通過，不得對外宣洩，記者問我對彈劾結果的看法，我說「不滿意，但必須接受。」因為根據規定，一件案子有二次彈劾機會，但這屆監委人數不足，只有一次彈劾機會，彈劾不過就沒有機會再提出，也不能對外說。

第二章

犯錯的孩子，能討回公道嗎？

2015 年 6 月 2 日我特別寫了這篇文章，希望在彈劾案通過後的記者會上，一起和新聞稿提供給記者參考。讓外界了解這個案子的始末，以及我的感受。

少年輔育院內的悲慘世界——調查買生案的感想

大雨滂薄，走在桃園少輔院園區，要找買生的足跡。兩年前，他因為疼痛無法上課，坐在樓梯間嘔吐、趴在書桌上的最後幾天，院方以影響同學上課把他隔離，讓他斷氣在一個號稱是病舍，其實是禁閉室的地方，不敢想像他臨終前的痛苦、無助和恐懼。

媒體形容買生枉死在桃園少輔院，有如一片悄然落地的黃葉，又被掃乾淨。讓我們決定立案調查。沒想到這個調查揭開了少輔院的悲慘世界，裡面有太多的謊言、太多的粉飾太平，太多的官官相護，令人震撼！

我們要釐清買生是不是抓癢致死？我們發現彰化少輔院用「曬豬肉」來懲罰少年，有人在日正當中、有人一整夜被銬在曬衣場罰站的凌虐事實。

買生斷氣的地方叫病舍，其實是禁閉室，隔著一個 iPad 大小的洞口查看房內的一切。一個查不出傷口哪裡來，嚴重病痛的孩子，他臨終前被關在這間狹小的幽禁空間，桃園少輔院前院長林秋蘭被約詢時一句「孩子是我們的寶貝！」真是無比的諷刺！大人的世界不僅無情、更是虛偽。

根據台大醫師的判斷，買生死亡當天下午4點多，已接近休克，卻沒有讓他戒護就醫，林秋蘭院長說當天下午4點38分，她還透過那個iPad大小的洞口問：「凱凱你還好嗎？」買生還點頭示意：「很好！」但一個小時後就斷氣了！林院長的問候不僅冷漠、無情、也不是事實！因為從監視器畫面看到買生當時已經奄奄一息，根本無法回答。

桃園少輔院衛生科內有醫療儀器、病床，但沒有給買生使用，應該把他送醫院戒護就醫，卻關在禁閉室內，結束他短短的生命。

其實，買生曾向少年保護官表示被欺負，曾說：「被打，手快斷了」，調查結果是他胡言亂語，院方對他更加嚴格管理。

他身上傷口怎麼造成？死因是什麼？根據院方紀錄，同學說他單手做伏地挺身運動傷害右肩疼痛，老師說沒有人打他。台大醫生說不是運動傷害，是鈍力撞擊。法醫說，解剖時，血中有大片的膿汁，傾向毆打致傷、未就醫，傷勢至少一周以上才會形成膿胸，少輔院隨時都應該將他戒護就醫，怎麼會死在禁閉室裡？

桃園少輔院三位看著買生死亡的管理員說，他們不知道買生傷口怎麼造成，但院內說法很多，他們也不相信是運動傷害致死，還以為檢察官會查出真相，可惜沒有。他們分別在買生死亡當天早上9點、下午4點多告訴主管買生不對勁，應該送醫院戒護就醫，但是訓導科長陳立中下午4點多還對買生說「不要再假鬼假怪！」一個多小時後買生死亡。

檢察官約詢戒護的管理人員時，陳立中要求不要講出這句話。被約談的人，有人事前、事後都要向他報告。他給矯正署的報告是：「買生反應不想吃晚餐，為顧及其體力，於17點30分由同學餵食晚餐時突然昏倒，急救後死亡。」從監視器看到買生不是不想吃，是連最後一口飯都不能吃了，不是突然昏倒，是在禁閉室內等待死亡。

約詢時法官的說法讓我震驚反問「他們犯了什麼滔天大罪？為什麼讓孩子受到不人道對待？」林雅鋒委員說「法官裁定時，也想哭！因為不知道要把孩子安置到哪裡？」法官擔心一旦說了真話，如果無法改變感化教育的現況，這些孩子的處境會更慘。

彰化少輔院院長詹益鵬一開始強調用愛的教育，否認有「曬豬肉」的處罰，後來不僅承認還一再更正：只有一次是兩人？是七人？又更正是三次？

是四次？最後承認「曬豬肉」是習以為常，真是聳人聽聞的凌虐少年事件。

走訪桃園少輔院、彰化少輔院、誠正中學時，看著孩子一張張期待被被關心的臉龐，心中無比難過，我不斷想著「何處是兒家？」孫大川副院長說，這些孩子好像幫大人承受所有的苦難，蔡培村委員說如果教育資源不進來，悲劇會再重演。

生命沒有貴賤之分，人權沒有尊卑之別！面對七成來自單親、隔代教養的這群孩子，他們的人生不應該只有「卑微」兩個字。少年輔育院理當是協助他們矯正、翻轉人生的地方，不應該是踐踏他們最後一絲尊嚴、甚至是生命的地方。

2015／06／10　凌虐少年的爭辯

監察院的調查報告，如果涉及彈劾會先提彈劾審查會，再提委員會討論，上周6月2日通過彈劾四位少輔院官員，本周司法獄政委員會討論調查報告，我們提出糾正法務部、矯正署，一方面追究責任，一方面督促法務部應該考慮把少輔院改制為矯正學校才能阻止悲劇再發生。

委員會中發言熱烈，主要討論焦點包括：

（一）有關田中分監問題，法務部因人力、物力資源有限，田中分監讓女受刑人幫少輔院孩子做炊事是可以接受的做法，也經過法務部同意。我們的調查報告認為把成年犯、小孩放在一起不僅違反兩公約，也可能讓少年染上成年人的惡習。

（二）彰化少輔院的「曬豬肉」事件，曾經長達12到13個小時把學生用手銬銬在曬衣場，大、小便無法自如是否是事實？少輔院用手銬把學生銬在曬衣場是用「銬」的，是否不要用「吊掛」的字眼？是否不要用「凌虐」的字眼？凌虐是有刑責。

我們分別解釋，「曬豬肉」處罰學生到底是幾個小時？我們在彰化少輔院詢問四位孩子時，都說2到3個小時，而且可以坐下來休息，可以喝水，可以上廁所，但我們根據現場履勘場地、詢問孩子後認為孩子是被要求串供，說詞要一致。

怎麼說呢？因為根據戒具使用規定，使用戒具，也就是手銬，一次不得超過4小時。所以孩子都說3小時以內。因此我們履勘現場時當場調閱、影印彰化少輔院的戒具使用紀錄簿，上面通篇記載上手銬的時間是8月28日搖房事件當天晚上8點30分到隔天8月29日早上8點10分將近12個小時，但是院方對828事件報告又寫著是晚上7點10分，開始把孩子分別銬在外面曬衣場將近13個小時，所以2、3小時不能採信。約詢時院方不斷更正當天的情況，也承認是銬了13個小時，但解釋有些孩子雖然手仍然被銬在曬衣架上，但可以坐下來，只有七個孩子確實手銬在曬衣架上，因為衣架的高度無法坐下，是罰站了一整夜。

因為案情十分震撼，令人不敢置信，因此從彈劾審查會到委員會討論糾正案時，一直有委員質疑「孩子真的被銬在曬衣架上，無法蹲坐，任令其大小便？」還問我們「站著可以大便嗎？」我不知道可不可以？每個人習慣不同，但是急了一定就地解決。至於13個小時要不要小便？不用問就應該要知道，不小便就得到醫院導尿，這是常識。

凌虐的字眼要不要拿掉？我們堅持如果這樣的處罰方式不是凌虐，什麼才是凌虐呢？為了這個文字修正過程討論激烈。

因為正反意見僵持不下，我們很委屈只好拿掉凌虐兩個字，造成上周通過的彈劾文和今天通過的糾正文用字譴詞不同的窘境。彈劾案文有凌虐，糾正案文沒有凌虐。

委員會討論激烈，我們一度擔心調查報告過不了關，通常監察院的調查報告討論時，慣例是尊重調查委員的意見，不過為了讓調查報告內容更合理、有說服性，經常也有熱烈的討論，並且修正調查內容和意見。我們的報告因為不同意見的委員很堅持，只好修正讓步，除了拿掉凌虐的字眼，也在爭議聲中把原來是糾正法務部的調查意見，因為涉及少輔院內青少年的受教權問題和教育部有關，尊重會中的不同意見提升到糾正行政院。

司法及獄政委員會修正通過調查報告後，林雅鋒委員和兩位調查祕書到我辦公室討論文字修改，廖調查員說，她夢到買生，來對她說「謝謝」，聽她這麼說，我們淚水在眼眶中打轉，蘇調查專員說調查報告撰寫過程很辛苦，希望買生能夠安息。我拿著面紙給大家，心中一陣心酸，回想上周在彈劾審查會中，我開始報告時，也一度哽咽話都說不出。

這個案子，我們曾經一起努力過，過程很辛苦、辛酸，兩位調查祕書非常認真，雖然內部討論案情、彈劾幾人？有過辯論和不同意見，但是我們盡力了，也問心無愧。

拜訪買生阿嬤

買生的外婆，比一般的阿嬤年紀輕，拜訪她主要是想見見這位意志堅強的阿嬤。日前在慈濟服務的中時老同事簡東源，向我要買阿嬤的電話，簡東源想要透過慈濟基金會協助買阿嬤，被她婉拒。她給簡東源的 LINE 內容如下：

簡師兄：感恩您的關心，凱凱真貼心，雖然當了菩薩了，仍然不忘我這個孤獨無依的外婆，賜予我這麼多天使陪伴我！

師兄：如果可以，懇請您代為傳達王美玉監委買〇〇、買〇〇拜謝她的大恩大德——凱凱外婆合十

簡東源轉來這個 LINE，我看了都想哭，也請他轉達「阿嬤加油」。

簡東源表示，已經和她連絡，買阿嬤說暫時不需要協助，但是他會和買阿嬤保持連絡。

很有骨氣的阿嬤。偏偏社會常常瞧不起窮人，窮人爭的是正義、公道而已。

剛好在媒體工作的老同事許怡雯她專訪過買阿嬤，她轉達買阿嬤想要當面向我致謝。再看了買阿嬤的 LINE 內容，我覺得應該是我去看她。

敲定8月7日去林森北路的租屋處拜訪她。我和蔡培村委員、蘇慧娟、廖青惠兩位調查祕書同行，協助買案的人權律師邱顯智和尤美女立委的助理也在場。他們當面請求要到監察院調閱相關卷宗，我表示，歡迎引用監察院的報告，大家一起為少輔院的轉型努力，讓買生的死喚醒社會的良心，看到少輔院內的悲慘世界。

買阿嬤說，凱凱如果在世，今年是十八歲。她是少年阿嬤，兩代都早生，女兒生下兒子，大部分是她在養育，對孫子特別有感情，凱凱是過動兒，有學習緩慢的情形，她因為工作關係，有一段時間凱凱被送回鄉下和阿祖生活，她每週要開車回南部陪伴凱凱唸注音符號ㄅㄆㄇㄈ學拼音，祖孫兩人一路開車，一路唸。她說凱凱被送到安置中心時，她騎車趕到中心，卻不敢進去。因為她不敢想像，怎麼像演電影一樣，以前去同樣的地方是看凱凱的媽媽，現在要看凱凱，第一次站在中心的門口，她擦乾眼淚，不敢進去掉頭離開，第二次才進去，鼓勵凱凱要聽話，好好學習。

她說，人生怎麼會這樣？

法務部要求不要議處

本案除了彈劾四人，我們還要求議處包含吳憲璋署長在內的四位主管，法務部以矯正署多事之秋內部士氣低落，希望監察院可否不要議處這四位主管。

我認為，人少、事多、勤務重是很多行政機關普遍的現象，不是只有法務部矯正署，堅持法務部必須對這四位主管做出處分，但公文旅行很久，至今沒有下文，有人已經退休。

2015／12／11 公懲會處分降級、改敘、記過

今天到台南履勘偏鄉教育，回程收到調查專員蘇慧娟傳來的簡訊，告知公

懲會已經就我們彈劾的桃園少輔院、彰少輔四位官員，做出懲戒的處分。我告訴同行的蔡培村委員，他也是調查委員之一，這個案子，總算要給家屬一點交代，不過這只是行政責任的追究，刑事責任部分，法務部、桃園地檢署至今尚未根據監察院要求重啟調查，有所回覆。

我不信公義喚不回，將持續努力。

根據公懲會的規定（本案是適用舊的公務員懲戒法，新法是2016年5月2日開始適用），被彈劾的公務員相關懲處規定如下：

公務員懲戒法第9條：

「公務員之懲戒處分如下：一、免除職務。二、撤職。三、剝奪、減少退休（職、伍）金。四、休職。五、降級。六、減俸。七、罰款。八、記過。九、申誡。

前項第三款之處分，以退休（職、伍）或其他原因離職之公務員為限。」

公務員懲戒法第15條：「降級，依受懲戒人現職之俸（薪）級降一級或二級改敘；自改敘之日起，二年內不得晉敘、陞任或遷調主管職務。受降級處分而無級可降者，按每級差額，減其月俸（薪）；其期間為二年。」

四位被我們彈劾的相關人員公懲會處分如下：

前桃園少輔院訓導科長陳立中，降2級改敘。

前桃園少輔院院長林秋蘭，降1級改敘。

彰化少輔院院長詹益鵬，降1級改敘。

桃園少輔院衛生科長侯慧梅，記過2次。

前幾天，在教育及文化委員會討論法務部回文，有關檢討改進少輔院的教育問題時，委員間有不同意見。有委員認為少輔院本來就是矯正為主，教育為輔，我們四位調查委員卻要求少輔院應該朝矯正學校，或技職教育的方向努力，這個意見恐怕是不可行。也有委員表示，當年是在陳定南擔任法務部長任內，以再犯率高，以及經費用問題，決定無須轉型為矯正學校。因為少輔院一個院生一年要30萬預算，矯正學校一位學生一年要58萬預算，矯正學校經費太高，才暫緩實施將少輔院改為矯正學校。

我認為，成立矯正學校是法務部的理想目標，後來因故無法實施，但是看到少輔院內孩子的處遇，並沒有受到應有的照顧和教育，少輔院內就是因為預算不足，國小、國中、高中混合教學，孩子未受到應有的國民義務教育，是剝奪孩子接受國民教育的受教權，成立矯正學校是我們四位調查委員在調查桃園少輔院買生案與彰化少輔院「曬豬肉」凌虐事件後，我們認為，應該朝這個目標努力，希望可以協助法務部，大家一起努力。

一個要求法務部就現行少輔院因陋就簡，不符人權，未具矯正、教育功能的意見引起這麼熱烈的討論，真是出乎我意料之外。

上個月，也是因為買生案的相關調查意見，法務部回文未具體針對問題答覆，監察院和法務部之間不斷公文旅行。我建議是否應該引用監察法25條，要求法務部回文時不要答非所問，否則監察院可以請法務部長列席監察院接受質問。這個建議引起熱烈的討論，不同意見的委員要求不要加入這段文字，爭論半天最後折衷只寫根據監察法25條的規定，要求法務部不要答非所問，不必把要質問法務部長的條文內容，寫入公文中才擺平，實在有點阿Q又好笑。

根據監察法25條規定：

行政院或有關部會接到糾正案後，應即為適當之改善與處置，並應以書面答覆監察院，如逾二個月仍未將改善與處置之事實答覆監察院時，監察院得質問之。

我對模稜兩可的公務員文化很不能適應，討論中不客氣的指出，過去不都是尊重調查委員的意見？尤其這個案子從當初彈劾相關主管，到要糾正法務部時，審查會、委員會中也是爭論不下，最後是有委員打圓場，從糾正法務部，升格糾正行政院才擺平紛爭的意見，問題到底出在哪裡？

不過，也有委員表示，法務部在少輔院內實施的管教是古早時代的思維，現在社會變遷這麼大，不能再死抱落伍的教條，罔顧人權。

真是說的好！

2016／01／13　桃園地檢署拒絕重啟調查

去年6月15日監察院去文法務部、桃園地檢署要求就買生案有無官員涉及業務過失應該重啟調查，事隔7個月才接到法務部轉來的回覆公文，寫了一大堆理由，就是不考慮重啟調查。

法務部這個回覆公文主要重點有：

法醫蕭開平在解剖報告書、函文和訊問筆錄中，相關的陳述和在監察院的陳述內容相差很大。

蕭開平法醫對檢察官的陳述重點主要包括：

死亡方式與右肩受傷有相關，故研判疑為「他為」，因法醫認為買生死亡原因是遭人毆打所致，但是檢察官調閱買生死亡前一週的錄影帶、及病歷資料比對分析，但並沒有查出買生有遭人毆打的積極證據。

其次，檢察官發現買生有多次就醫情形為腰痠痛、毛囊、風濕性多肌痛、扭傷、拉傷等，因此特別再將這些資料再函詢蕭法醫，法醫回覆「若以2013年2月2日扭傷造成關節炎、肌腱炎若能排除毆打過程，則可視為運動傷害再併同皮膚炎，造成蜂窩性組織炎造成膿胸致命。

法務部說，蕭法醫所有的解剖報告、函文、筆錄都沒有提及他在監察院被約詢時提到的「他為」是指買生連送醫過程都出了問題。

法務部還質疑如果根據蕭法醫在監察院所陳述的內容，顯然是案件的重要資訊，那麼何以未見於解剖報告書、函文和筆錄，所以蕭法醫在監察院的陳述內容，顯然與給檢察官的解剖報告書、鑑定書、函文及筆錄內容不同。

法務部認為，檢察官雖然必須依法盡其所能調查相關事證，但仍然需要在案件偵辦中有相關跡證足以顯示，特定人涉有特定的犯罪情事，才有可能啟動偵查，本案承辦檢察官在調查過程，已訊問近五十人次、還去現場履勘、勘驗錄影光碟，調閱相關資料等偵查作為，可惜查無任何證據顯示有人涉有過失致死的罪嫌，因此檢察官才未朝執行職務過失致死的方向調查。

有關桃園少輔院在同仁被偵訊時，回去後是否要求同仁回報偵訊內容、監控、統一對外說詞，涉有隱匿證據、串證等情，法務部指出檢察官實在無從得知，也沒有相關情資或桃園少輔院的相關證人，向檢察官表示桃園少輔院有監控並統一對外說詞，為避免類似情事再發生，今後桃園地檢署會加強宣導。

證人邢世煌、關西和表示在檢察官偵訊中未能完全陳述部分，究竟是因為偵訊時間太短，以致無法讓證人完整陳述，還是因為證人受制於機關壓力而不敢陳述，因為涉及證人的內在真意，無從知悉。

法務部還表示，買生死亡當天，刑世煌、關西和出具職務報告，都未提到他們在監察院所陳述的內容。因此他們兩人相關陳述內容是否可信，已非無疑。

最後法務部說，至於有關證人在接受偵訊時，為避免發生有無法陳述的情形，桃園地檢署已促請檢察官日後盡可能讓證人、當事人有完整陳述的機會。

這份花了七個月才寫成的回覆公文令人啼笑皆非，我當下很難過，有這樣護短的法務部，難怪司法不被信任。

有這樣天真的檢察官，還需要歹徒嗎？

回家後仔細再讀法務部的回覆公文，心中滿是問號，我寫出下列文字：

我有幾點要問法務部和桃園地檢署：

這是一分卸責報告的公文。監察院的調查報告強調的是有無追究官員業務過失致人於死，法務部回文卻說調查沒有錯誤。意圖混淆是非。

檢察官的調查內容，未發現有無業務過失，未追究戒護科長涉嫌延誤送醫致人於死，這是刑責的問題。

監察院的調查報告是行政調查，沒有審判證據能力，檢察官為何沒有針對刑世煌、關西和兩位證人在監察院所做的筆錄，再傳喚證人、做成具結文？

檢方只要朗讀他們兩人的筆錄詢問是否屬實即可，只要兩位證人做成具結文，檢察官就可以據此追查訓導科長是否涉嫌業務過失致人於死。法務部、桃園地檢署為何不做？是官官相護？

檢察官辦案能力不足，監察院調查出來的內容，他們都查不出來。對於檢察官可能因為年輕，辦案的能力不足，可以不追究，但是不能不追查有無刑責一事，不能混淆視聽，縱容不法。

第三章

買生案
怎麼能不重啟調查

過年期間我請教律師朋友、資深法院記者相關法律問題，他們也認為這個案子沒有理由不重啟調查，我決定草擬駁斥法務部拒絕重啟調查的理由。

2016／02／19 怎麼能不重啟調查？

今年農曆春節假期特別長，我利用休假期間仔細再拜讀法務部回覆拒絕重新調查買案的公文，愈讀愈覺得不妥，開始草擬相關問題，過完年第一天上班我就告訴司法及獄政委員會召集人林雅鋒（她其實也是買案的調查委員），有關買生案法務部拒絕重啟調查的核簽意見，我還要做補充，2月22日即將召開的司法及獄政委員會我要補強說明，她表示沒有問題。

過年期間我請教律師朋友、資深法院記者相關法律問題，他們也認為這個案子沒有理由不重啟調查，我決定草擬駁斥法務部拒絕重啟調查的理由。

我太執著。

2月18日一早，我把草擬的內容交給司法及獄政委員會王主任祕書，她認為我提出重啟調查的內容很有說服力，但是她擔心核簽意見已經提出，我再增加內容，另外三位共同調查本案的委員並不知情，可能程序上會有爭議。我請她幫忙把我的補充內容，先給三位共同調查的委員過目，也告訴她已經事先向司法及獄政委員會召集人林雅鋒委員打過招呼了。

19日排滿了約詢，林雅鋒委員來訪未遇。中午助理說孫大川副院長和王主祕下午3點來訪。我想應該和我提出的買生案重啟調查內容有關。

果然，孫大川副院長一開口就說，他們三位委員早上開會討論我提出的重啟調查內容，都認為很有說服力，引用的法律條文很有力道，為了讓這個臨時再提出的補充內容可以在司法及獄政委員會通過，三位委員特別推派他來和我協調。

孫大川副院長說，主要是用字遣詞方面可否修改。例如我批評法務部「可笑至極」、「玩忽敷衍」。他笑說，我不是出身公務員對公務員的文化不是很了解，這些用語太刺激，可能影響我提出的補充意見獲得支持過關的可能性。

王主祕拿出已經幫我修改用字遣詞並且劃下底線的版本，例如將「可笑至極」修改為「誠屬不當」、「無法苟同」，我一輩子在媒體工作，監督政府用字遣詞何時手軟過？不過，他們很客氣的說出了公務文化下的文字學，這真的是我很不熟悉的文化。

但是我特別謝謝他們的好意，對他們說「沒有問題，小事一樁」。孫大川副院長笑說「妳果然很阿沙力。」

為了讓重啟調查的建議，可以順利獲得通過，要特別感謝三位共同調查委員孫大川副院長、林雅鋒委員、蔡培村委員的支持，尤其以理服人還是行得通的，只要認真、努力不放棄，雖然要多花一點的時間，沒有溝通不了的事。

還好，兩位調查祕書非常優秀，看到我在法務部回覆的公文上寫下「本案在巡察行政院時，行政院長毛治國回答我的詢問時，形容是痛心疾首的悲劇，法務部怎麼可以花了七個月的時間用幾句話，就拒絕重啟調查」。她們表示，一定盡力寫核簽意見給法務部。

她們提出反駁的核簽意見也強而有力，只是我認為要在法律上更有力道，決定再請律師朋友、法院記者協助。監察院是一個團隊，委員間有不同的包袱與考量，調查官、調查祕書各有專業，但是本案這兩位堅持到底的調查祕書，還真是令人敬佩。

2016／02／22　公平、正義實現了嗎？

今天的司法及獄政委員會討論買生案的後續追蹤，我補提了12頁的核簽意見，同案的三位委員也都簽了字。我的主張非常清楚，檢察官必須重新啟動調查，不能官官相護。

委員會開會前方萬富委員來電表示，特別把我的補充意見帶回家看，他客氣的說很佩服我的專業意見，理由非常充分，只是因為檢察行政、檢察事務有所不同，因此他將在會中，就他的看法表達意見。我聽得出來他是支持的，特別打電話來致意。因此我很懇切的拜託「希望方委員指教並且支持」，他說：「當然，如果監察院通過，不論法務部或檢察系統都應該重啟調查」。

方委員的來電，讓我更具信心。

委員會討論時，我指出，兩位調查祕書非常認真，提出的核簽意見再要求法務部重啟調查，但這個重啟調查的意見，在監察院糾正案提出七個月之後，法務部才以一紙公文表達——拒絕。我個人實在無法接受，過年期間特別把法務部的公文帶回家研究，因為不服輸，仔細的研究發現法務部、高檢署、桃園地檢署真的是十分草率，對買生及其家屬十分不公平，因此我自己再寫了12頁的意見，希望同仁能夠支持。

我強調，這個案子監察院已經彈劾，公懲會也做出降級、改敘、記過的處分，去年底巡察行政院時，我也就這個案子詢問行政院，當時的毛治國院長表示是「痛心疾首的悲劇，不能再發生」，怎麼法務部對追究這個案件的真相，卻是如此的怠慢、敷衍？

我說兩位證人邢世煌、關西和是在約詢後，經監察院第二度約詢後說出真相，公懲會的懲戒書中明白指出，為了釐清真相特別再約詢這兩位證人，所做的筆錄和監察院一樣，兩位證人，三份筆錄，只有檢察官做的筆錄不一樣，何以法務部和地檢署只選擇性相信自己人的筆錄？

其次根據刑事訴訟法規定，公務員行使職務若發現有犯罪嫌疑應該主動告發，另外，刑法規定，業務過失致死罪嫌是公訴罪，法務部沒有理由視而不見，應該督促所屬重啟動調查。方萬富委員表示，我的主張很有說服性，應該重啟調查，但是因為檢察行政、檢察事務的不同，他建議去文法務部改為給檢察總長顏大和比較適當，來自法務部的方委員很認真，他的發言經過討論後決議分別以正本給法務部和檢察總長要求重啟調查。

獲得委員會支持、通過後，我發出「在禁閉室等待死亡的孩子」新聞稿對外說明。也很感謝委員會同仁的支持，方萬富委員說「重啟調查有那麼難嗎？」江明蒼委員也認為應該重啟調查。

會後，蔡培村委員說，我的發言很有說服力，林雅鋒委員說很佩服我的認真，以後不會再以非法律人來看我，因為我長達12頁的意見，她只看了第一段就被我說服，就是「公務員可以主動告發」的文字。

大家的溢美之詞，實在愧不敢當！

我知道自己在做什麼！就是那一句「法律人要永不停止的問自己，公平正義在這個案子中獲得實現了嗎？」監察委員中有那麼多的法律人，我不敢班門弄斧，只不過是拿出追新聞的本事，不放棄公平正義在買生案件中要獲得實現而已！

法律人更不能淪為法匠，否則公平正義要怎麼實現呢？

法務部羅瑩雪部長剩下三個多月的任期，她理應留下自己對人權的正面紀錄，不然就得看新任法務部長和檢察總長顏大和的法律良心了！

在禁閉室等待死亡的孩子——檢察官草率的行政簽結

2016年2月22日司法及獄政委員會通過我的重啟調查要求後，我寫下這篇稿子，並摘要發給媒體。

買姓少年在桃園少輔院內死亡案，監察院對相關違失人員提出彈劾，司法院公懲會分別以降級、改敘、記過懲處。檢察官當時以查無應負刑事責任之人行政簽結。監察院以桃園地檢署未深究買生死亡原因，未追查有無人員業務過失致死，要求重啟調查，等了七個月法務部以一紙公文回覆——拒絕重啟調查。

法務部的理由包括：

法醫蕭開平在監察院的約詢筆錄中指出「所謂『他為』是指買生可能連送醫過程都出了問題，『他為』有特定和非特定的疏忽，寫這樣是要告訴機關要注意等情事」。蕭法醫這樣的說法是案件的重要資訊，為何蕭法醫在解剖報告書、給檢察官的函文及訊問筆錄中都沒有提到上述說法？

檢察官偵查過程訊問五十多人次、履勘現場、勘驗錄影帶都沒有任何證據顯示有人涉有過失致死之罪嫌，所以檢察官未朝過失致死罪嫌調查。

兩位證人邢世煌、關西和在監察院所做的筆錄和檢察官偵訊中的筆錄不同，為何證人在偵訊中未完全陳述其所知或所質疑之情事，是檢察官偵訊時間過短，無法讓證人完整陳述，還是證人受制於機關壓力而不願陳述，涉及證人的內在真意，因資料不足，無從知悉。法務部還質疑證人在監察院的證詞是否可信，「已非無疑」。

法務部的回文，令人無法苟同之處包括：

監察院約詢法醫、證人的筆錄內容，為何與檢察官的約詢內容不同？這不是法務部要去追問的嗎？檢察官有無根據不同的筆錄內容要求證人具結筆錄嗎？

司法院公懲會也約詢了兩位證人，筆錄內容和監察院相同，兩位證人的三份筆錄，只有桃園地檢署檢察官的筆錄內容不一樣，法務部卻只相信自己人——檢察官的筆錄，這是什麼道理？

買生案桃園地檢署行政簽結拒不重啟調查已涉有違失：

根據刑事訴訟法第228條第1項規定：「檢察官因告訴、告發、自首或其他情事知有犯罪嫌疑者，應即開始偵查。」同法第241條規定：「公務員因執行職務知有犯罪嫌疑者，應為告發。」又根據刑法第276條第2項業務過失致死罪係屬非告訴乃論之罪，並無訴訟條件之限制。

換言之，雖然根據臺灣高等法院檢察署所屬各地方法院及其分院檢察署辦理他案應行注意事項規定：「對公務員依法執行公務不服而申告，但對構成刑責之要件嫌疑事實未有任何具體指摘，或提出相關事證或指出涉案事證所在。」檢察官可以行政簽結。

但注意事項也規定：「他」案進行中，案件經調查後，如果發現有特定人可能涉嫌犯罪，或檢察總長或上級法院檢察署檢察長命令實施偵查應即改分「偵」案辦理。

最重要的是注意事項還規定檢察官行政簽結時，「檢察長應詳細審核，如發現有調查未盡之情形，應命繼續調查。」

因此，檢察官若發現特定人涉有犯罪嫌疑或調查未盡，並不單以發現新事實或新證據為限，檢察長仍依基於檢察一體命其所屬依法偵查。買生案桃園地檢署未深究買生死亡原因、未追查有無人員業務過失致死及少輔院提供買生就醫資料真偽等，在相關疑點尚未釐清下，就行政簽結，顯然未善盡調查之能事，檢察長依法應命繼續調查。

監察院請法務部督促所屬檢察機關就本案未盡調查部分查明。法務部拒絕重啟調查令人無法苟同之處包括：

根據刑法第14條規定「行為人雖非故意，但按其情節應注意，並能注意，而不注意者，為過失。」同時刑法上的過失犯，須行為人有防止結果發生之注意義務，且客觀上無不能注意之情事，竟疏未注意，違反其注意義務，始能令其就該有預見可能性之結果負過失犯罪責。

買生案公務員懲戒委員會懲戒書內容指出：「買生進入桃園少輔院前，經診斷有過動及情緒障礙，自2013年1月底右肩部即開始出現疼痛，無法自理生活。……然被付懲戒人陳立中、侯慧梅、林秋蘭對於買生右肩肌腱炎病況，經按時服藥、休息後，仍持續惡化之情形，未予重視並積極安排送醫探究其真正之病因。於2013年2月4日導師廖森松發現買生精神狀況不佳，上午未進教室，均在樓梯口坐著，同日下午被付懲戒人林秋蘭、陳立中巡視班級時，被付懲戒人林秋蘭因恐買生病況影響導師對於班級之管理，竟同意導師廖森松之建議，將買生送至該院用以獨居監禁違規少年，且未設置醫療器材之三省園舍房，使買生置於欠缺醫療器材及專業人員照顧之高度危險環境中。被付懲戒人林秋蘭對於該院有重大疾病之買生，未即移送醫院醫治，有怠於執行職務之違失。

又被付懲戒人林秋蘭、陳立中依法應對獨居監禁處所勤加巡視，將病重學生送醫之職責，卻對於病重之買生進入三省園舍房期間，未勤加巡視。兩人雖曾多次進入三省園，但對買生因疼痛輾轉難眠、傷口瘀青致衣服滲血、無法進食，生命跡象漸趨微弱，已有嚴重威脅生命安全之症狀，仍未能察覺，並即將買生送醫。……管理員關西和發現買生右側肋骨處有兩處破皮傷口及巴掌大瘀青，經通知衛生科藥師何安杰前來處理。

關西和、何安杰二人於同日下午16時左右，均建議被付懲戒人陳立中應將買生戒護送外醫治療，惟被付懲戒人陳立中竟認為買生係『假鬼假怪』（臺語），視買生是裝病，並以當時院內準備收封用晚餐，無警力戒護送醫搪塞，被付懲戒人陳立中有怠於執行職務之違失。

被付懲戒人林秋蘭雖於買生重病休克前1小時巡視三省園舍房，惟當時未進入舍房關切，僅透過舍房瞻視孔詢問買生，而被付懲戒人陳立中復未向被付懲戒人林秋蘭報告買生之病況，致被付懲戒人林秋蘭未即下達將買生送醫醫治指令，被付懲戒人林秋蘭有指揮監督所屬人員不周之違失。被付懲戒人侯慧梅自買生進入三省園舍房後，自始至終均未前往探視、關切，直至２０１３年２月５日事發接獲買生病危通知，始知買生病重死亡之情形，均有違失。」

從公懲會所提懲戒事實可知，被懲戒人依據所擔負職責，對於買生自２０１３年１月底右肩部即開始出現疼痛，無法自理生活等情形知之甚詳具有注意義務，卻未盡保護義務，涉有刑法第２７６條第２項業務過失致死罪之重大嫌疑。

公懲會懲戒書內這些內容和監察院調查內容相當一致。

原承辦林檢察官接受監察院約詢時坦承只在乎家屬之意見，忽略其他可能因執行職務過失致死之犯罪。顯見檢察官未善盡調查能事，自始即忽略其他過失犯之可能，其行政簽結並不符合臺灣高等法院檢察署所屬各地方法院及其分院檢察署辦理他案應行注意事項相關規定，該署檢察長也未應詳細審核，依據檢察一體，命其繼續調查，涉有違反該注意事項的規定，行政簽結顯然不當。

至於法務部回文所稱理由，承辦檢察官實無從知悉，也未有相關情資得知桃園少輔院有監控並統一對外說詞之情事，證人邢世煌、闞西和在監察院的陳述，是否可信並非無疑的說法，更是草率、推託之詞。

公務員對監察院詢問具有據實說明義務，所陳述內容並非市井巷議胡言亂語可比，若查非真實，監察院得依法糾彈，其所做筆錄雖未達具結效力但仍有一定證據力，退萬步言仍屬公務員製作的文書，檢察官所做偵查筆錄內容與監察院詢問筆錄有歧異之處，豈可就排斥而不用，不是理應依法查明真相？

何況公務員懲戒委員會懲戒書指出：「惟被付懲戒人陳立中、林秋蘭均未切實執行勤加巡視之職責，致未能察覺買生病況之嚴重性。

又據管理員闞西和在本會委員調查時證稱：「（2013年2月5日）下午4點半到5點間，量完買生血壓，我和何藥師（何安杰）在外面跟科長（陳立中）講乾脆把買生送醫好了。」藥師何安杰在本會委員調查時證稱：「（2013年2月5日）下午4點左右我有跟訓導科長（陳立中）說，我有翻買生病歷跟門診狀況，對於買生黑青部分我解釋不出來是什麼，所以建議（科長）送醫。」「他（科長）沒有說反對，他說那時要收封，學校要集合學生去餐廳吃飯，沒有警力。」「（科長陳立中）有質疑他（買生是裝病），類似說你不要再假裝了的話。

我說不要在學生面前質疑他的病況。我有說黑青部分要裝成這樣不太可能。」本會委員問桃園少輔院前管理員邢世煌：「科長（陳立中）說裝病的口氣如何？」答：「有點生氣，覺得買生好像在找麻煩。是對買生講的。」

足證買生進入三省園舍房病況仍持續惡化時，被付懲戒人陳立中雖多次進出三省園舍房，然其對買生生命跡象漸趨微弱情形視若無睹，而其對於管理員關西和、藥師何安杰建議將買生送醫一事，不但未查明買生是否為裝病，竟仍對買生說：「外醫也讓你看過了，X光也讓你照過了，你麥擱假鬼假怪（臺語）。」視買生是裝病，並以當時院內準備收封用晚餐，無警力戒護送醫搪塞。……又被付懲戒人侯慧梅在本會委員調查時稱：「班級會把（學生）看診登記簿給導師，導師蓋章才到衛生科安排看診，臨時有狀況班級老師會通知我們，如果有慢性疾病需特別追蹤，我們會特別注意，會提醒老師。」

本會委員問：「收容學生去看診後，有無將看診情形呈報科長、院長核閱？」則答：「衛生科長會蓋章，再呈核至訓導科長。」然被付懲戒人侯慧梅對買生看診後之病況仍持續惡化，仍未盡其照顧、關切及探究其真正病因之職責，有怠於執行職務」。

顯見公懲會除採納監察院詢問筆錄外，公懲會委員也約詢證人邢世煌、關西和做成第三份筆錄，桃園地檢署不但不傳喚證人具結確認筆錄歧異之處，反稱資料不足，無從知悉，不僅草率，更難令人苟同。

事實上，公務員懲戒委員會所做懲戒事實與理由，包括所做調查筆錄等，在在說明原偵查調查未盡確實，有依法重新偵查之必要。桃園地檢署顯然並未重新檢視事證，詳加研究，棄監察院與公懲會懲戒事實與理由不理，法務部還稱尚無不合，荒謬至極；顯見法務部對監察院要求檢討事項敷衍怠慢，無視自己所訂相關行政命令。

法務部難道不應該根據監察院調查報告、公務員懲戒委員會議決書，促請檢察官重啟調查。

兩個半月後法務部終於回文了——**重啟調查**。

2014年5月6日法務部回函給監察院，全案重啟調查。
2016年10月20日本書付印前，
法務部回函已經議處包含吳憲璋署長在內的相關主管。

我堅信——縱使正義步伐緩慢，正義終將到來。

異言堂㉑

16：是誰讓少年帶著痛苦與懼怕走完他的人生

作　者—王美玉、午台文
編　輯—謝翠鈺
封面設計—李涵硯
內頁排版—楊珮琪
董事長
總經理—趙政岷
出版者—時報文化出版企業股份有限公司
10803 台北市和平西路三段二四〇號七樓
發行專線—（〇二）二三〇六六八四二
讀者服務專線—〇八〇〇二三一七〇五
（〇二）二三〇四七一〇三
讀者服務傳真—（〇二）二三〇四六八五八
郵撥—一九三四四七二四時報文化出版公司
信箱—台北郵政七九～九九信箱
時報悅讀網—http://www.readingtimes.com.tw
法律顧問—理律法律事務所　陳長文律師、李念祖律師
印　刷—盈昌印刷有限公司
初版一刷—二〇一六年十二月二日
初版三刷—二〇一七年一月十六日
定　價—新台幣二八〇元
行政院新聞局局版北市業字第八〇號
（缺頁或破損的書，請寄回更換）

時報文化出版公司成立於一九七五年，
並於一九九九年股票上櫃公開發行，於二〇〇八年脫離中時集團非屬旺中，
以「尊重智慧與創意的文化事業」為信念。

國家圖書館出版品預行編目（CIP）資料

16：是誰讓少年帶著痛苦與懼怕走完他的人生 / 王美玉，午台文作 . -- 初版 . -- 臺北市：時報文化，2016.12
面；　公分 .

ISBN 978-957-13-6834-4（平裝）

1. 觀護制度 2. 感化教育 3. 社會正義

589.88　　105021115

ISBN 978-957-13-6834-4
Printed in Taiwan